Justice environnementale

CONTEXTE, DÉFIS ET APPROCHES NATIONALES

OCDE
DES POLITIQUES MEILLEURES
POUR UNE VIE MEILLEURE

Cet ouvrage est publié sous la responsabilité du Secrétaire général de l'OCDE. Les opinions et les arguments exprimés ici ne reflètent pas nécessairement les vues officielles des pays Membres de l'OCDE.

Ce document, ainsi que les données et cartes qu'il peut comprendre, sont sans préjudice du statut de tout territoire, de la souveraineté s'exerçant sur ce dernier, du tracé des frontières et limites internationales, et du nom de tout territoire, ville ou région.

Les données statistiques concernant Israël sont fournies par et sous la responsabilité des autorités israéliennes compétentes. L'utilisation de ces données par l'OCDE est sans préjudice du statut des hauteurs du Golan, de Jérusalem-Est et des colonies de peuplement israéliennes en Cisjordanie aux termes du droit international.

Merci de citer cet ouvrage comme suit :
OCDE (2024), *Justice environnementale : Contexte, défis et approches nationales*, Éditions OCDE, Paris, https://doi.org/10.1787/d96d644d-fr.

ISBN 978-92-64-80727-3 (imprimé)
ISBN 978-92-64-35432-6 (PDF)
ISBN 978-92-64-39668-5 (HTML)
ISBN 978-92-64-44694-6 (epub)

Crédits photo : Image de couverture adaptée de © Lightspring/Shutterstock.com.

Les corrigenda des publications sont disponibles sur : www.oecd.org/fr/apropos/editionsocde/corrigendadepublicationsdelocde.htm.

Avant-propos

La justice environnementale cherche à remédier à toute une série de problématiques récurrentes qui affectent certains groupes et certaines communautés. Son champ d'action s'étend en particulier aux inégalités d'exposition aux risques environnementaux, aux inégalités dans l'accès aux aménagements environnementaux et aux préoccupations entourant la répartition des effets des politiques environnementales. Ces préoccupations peuvent se voir exacerbées par l'absence de participation véritable et de voies de recours judiciaire.

Alors que les pays redoublent d'efforts pour lutter contre la dégradation de l'environnement, la pollution et le changement climatique, le concept de justice environnementale nous est aujourd'hui plus utile que jamais pour son potentiel à nous éclairer sur la manière de garantir l'équité dans les processus d'élaboration des politiques environnementales et leurs résultats.

Ce rapport explore la pluralité du concept de justice environnementale, examine ses piliers conceptuels sous-jacents et retrace la manière dont il a émergé dans différents contextes à travers le monde. S'appuyant sur les 26 réponses reçues à l'enquête menée par l'OCDE sur la justice environnementale ainsi que sur les résultats d'analyses documentaires complémentaires conduites sur un éventail plus large de pays, il dresse également le premier état des lieux de la façon dont les pays de la zone OCDE et au-delà s'efforcent de répondre aux préoccupations de justice environnementale.

Le rapport cartographie les différentes manières dont la justice environnementale est poursuivie, que ce soit directement par des lois ciblées ou indirectement par des protections supplémentaires pour les plus vulnérables. Mettant en lumière la diversité des leviers à la disposition des décideurs publics et illustrant leur mise en application pratique dans différents contextes, il cherche à mieux éclairer les efforts actuels et futurs en matière de justice environnementale.

En exposant non seulement les défis communs et fédérateurs qui se posent, mais également les approches adoptées, il a vocation à faciliter l'apprentissage mutuel entre les pays. Nous formulons le souhait à cet égard que les éclairages et les pratiques présentés ici permettent à la justice environnementale d'accomplir des progrès partout dans les pays de l'OCDE comme au-delà.

Remerciements

Le présent rapport a été conceptualisé, géré et édité par M. Shardul Agrawala, Chef de la Division de l'intégration de l'environnement et de l'économie à la Direction de l'environnement de l'OCDE. Tous ses chapitres ont été rédigés par Mme Julia Kieloch, M. Edward Bayliss, Mme Yuko Ishibashi, M. Shardul Agrawala et Mme Nicolina Lamhauge (tous rattachés à la Direction de l'environnement de l'OCDE).

Il s'agit d'un résultat du Comité des politiques d'environnement de l'OCDE (EPOC) et de son Groupe de travail sur l'intégration des politiques environnementales et économiques (WPIEEP). Le Secrétariat souhaite remercier les délégués de l'EPOC et du WPIEEP pour leurs retours communiqués sur les versions initiales de cette publication. Il exprime également sa gratitude aux délégués du WPIEEP des pays membres et partenaires de l'OCDE pour leurs nombreuses réponses adressées à l'enquête de l'OCDE sur la justice environnementale.

Le rapport s'est appuyé sur les travaux exploratoires menés par Mme Hélia Costa, M. Enrico Botta, Mme Kumi Kitamori, MM. Alberto Agnelli et Ioannis Tikoudis, et Mmes Katherine Hassett et Rose Mba Mébiame. Plusieurs collègues lui ont également apporté leur contribution en tant qu'experts : M. Andrew Brown, M. Olof Bystrom, Mme Emma DeRoy, M. Sho Yamasaki et M. Shunta Yamaguchi (tous de la Direction de l'environnement de l'OCDE).

Le soutien administratif a été assuré par MM. Ivan Babiy et Illias Mousse Iye (Direction de l'environnement de l'OCDE). Le rapport a également bénéficié des contributions de Mmes Catherine Bremer (Direction des relations extérieures et de la communication de l'OCDE), Beth Del Bourgo et Emma DeRoy (Direction de l'environnement de l'OCDE) pour les aspects relevant de la communication/sensibilisation. Baseline Arts Ltd. a contribué à la conception de certains éléments graphiques inclus dans ce rapport, et Mme Meral Gedik (rédactrice indépendante) pour les aspects relevant de sa mise en page.

Table des matières

GRAPHIQUES

TABLEAUX

ENCADRÉS

Suivez les publications de l'OCDE sur :

https://twitter.com/OECD

https://www.facebook.com/theOECD

https://www.linkedin.com/company/organisation-eco-cooperation-development-organisation-cooperation-developpement-eco/

https://www.youtube.com/user/OECDiLibrary

https://www.oecd.org/newsletters/

Synthèse

Alors que les pays redoublent d'efforts pour lutter contre la dégradation de l'environnement, la pollution et le changement climatique, le concept de justice environnementale peut nous éclairer sur la manière de garantir l'équité dans les processus d'élaboration des politiques environnementales et leurs résultats. Ce rapport explore la pluralité du concept de justice environnementale, examine ses piliers conceptuels sous-jacents et retrace la manière dont il a émergé dans différents contextes à travers le monde. S'appuyant sur les réponses reçues à l'enquête menée par l'OCDE sur la justice environnementale ainsi que sur les résultats d'analyses documentaires complémentaires conduites sur un éventail plus large de pays, il dresse également le premier état des lieux de la façon dont les pays de la zone OCDE et au-delà s'efforcent de répondre aux préoccupations de justice environnementale.

Bien qu'il n'existe pas de définition universelle du concept, la justice environnementale cherche à remédier à toute une série de problématiques récurrentes qui touchent certains groupes et certaines communautés. Son champ d'action s'étend en particulier aux inégalités d'exposition aux risques environnementaux, avec les effets néfastes sur la santé qui en découlent, aux inégalités dans l'accès aux aménagements environnementaux et aux préoccupations entourant la répartition des effets des politiques environnementales. Ces préoccupations peuvent se voir exacerbées par l'absence de participation véritable et de voies de recours judiciaire pour les communautés touchées.

L'évolution et le mode d'expression des mouvements de justice environnementale sont profondément ancrées dans leurs contextes historiques et régionaux. Bien souvent, l'attention portée au sujet de la justice environnementale l'a été sous l'impulsion de mouvements populaires, comme ce fut le cas aux États-Unis, par exemple, avec les manifestations organisées contre le déversement illégal de déchets toxiques dans des quartiers à prédominance afro-américaine et à bas revenus. Par ailleurs, des approches descendantes se sont également déployées en Europe et en Amérique latine avec la mise en place d'instruments internationaux tels que, par exemple, la Convention d'Aarhus et l'Accord d'Escazú, qui ont fait de l'accès à l'information, à la participation et à la justice des « droits d'accès ». Le mouvement pour la justice environnementale en Afrique du Sud est né à la fin des années 1980 dans le contexte plus large des luttes pour la démocratie qu'a connu le pays. Ailleurs en Afrique, les préoccupations autour de l'impact des industries extractives et des déchets électroniques sur la santé et l'environnement ont été les principaux catalyseurs du mouvement. Le concept est moins courant dans la région Asie-Pacifique, bien que la Corée du Sud mettre explicitement l'accent sur le sujet de la justice environnementale dans sa politique de l'environnement. En Nouvelle-Zélande, l'approche culturellement éclairée de l'action publique reconnaît les impacts disparates de la politique environnementale et climatique sur les populations indigènes.

La recherche documentant les expositions disproportionnées aux risques naturels et anthropiques attestent du caractère persistant de ces préoccupations. Les exemples abondent, qu'il s'agisse de populations immigrées installées dans des régions industrielles et supportant des charges environnementales plus lourdes ou de communautés autochtones souffrant de manière disproportionnée de la pollution atmosphérique causée par des incendies de forêt de plus en plus fréquents du fait du changement climatique. La qualité disparate de l'environnement, aggravée par des voies d'exposition négligées et une capacité d'adaptation inégale, peut amplifier les inégalités existantes en matière de santé à l'intersection de l'origine raciale, du genre et des caractéristiques socio-économiques. Une exposition plus importante aux risques environnementaux peut encore accroître la vulnérabilité et entraîner des effets sanitaires différenciés. De même, les aménagements environnementaux telles que les espaces verts et l'eau potable sont aussi inégalement accessibles. Par ailleurs, la littérature sur la justice environnementale élargit aujourd'hui progressivement son champ d'investigation en prenant en compte les accès différenciés à un ensemble plus large d'aménagements environnementaux, comme par exemple l'infrastructure de recharge des véhicules électriques.

Les inégalités d'exposition aux risques environnementaux reposent sur des dynamiques complexes qui varient dans l'espace et dans le temps. On trouve par exemple des cas de décisions d'implantation d'entreprises motivées par des considérations raciales, expliquées par le risque moindre de rencontrer une résistance de la part de la communauté concernée, mais les choix de localisation peuvent aussi être arrêtés sur la base de critères de coûts, sans intention discriminatoire. Au fil du temps, la proximité d'installations et de risques peut faire baisser le coût du logement, incitant les ménages défavorisés sur le plan socio-économique à résider dans les zones environnantes.

Les coûts et les bénéfices des politiques environnementales sont aussi distribués sur le plan socio-spatial au travers de canaux tels que les effets sur les marchés du travail et le revenu. Les politiques environnementales peuvent inciter les entreprises à remplacer le travail par des technologies (génératrices d'économies de main-d'œuvre), ce qui défavorise de manière disproportionnée les travailleurs peu rémunérés dont les compétences sont moins transférables. Les protestations contre l'impact des coûts de la politique environnementale dans le contexte des crises interdépendantes que créent les turbulences sur les marchés de l'énergie et les tensions géopolitiques témoignent de l'importance d'une prise en compte adéquate de la répartition de ses effets pour mobiliser et conserver le soutien du public en faveur de mesures environnementales ambitieuses.

L'enquête menée par l'OCDE montre que le terme « justice environnementale » n'est pas d'usage courant dans les administrations nationales, malgré l'omniprésence des considérations d'équité dans les politiques de l'environnement. Du concept de « racisme environnemental » au Canada à celui d'« inégalité environnementale » en France, des termes différents sont souvent utilisés pour désigner en définitive un ensemble similaire de questions. Si l'utilisation explicite du terme révèle une approche plus directe pour répondre aux préoccupations persistantes et historiquement marquantes de justice environnementale, les pays qui n'utilisent pas ce terme les abordent souvent néanmoins indirectement par d'autres moyens.

Les pays déploient des approches différentes pour promouvoir la justice environnementale. Les approches directes de la justice environnementale peuvent s'appuyer sur des décrets ou des lois (États-Unis et Corée du Sud), la règle du précédent judiciaire (Colombie) ou encore des politiques et initiatives (Allemagne). Quant aux approches indirectes, elles fondent souvent la justice environnementale sur la garantie de droits tels que celui de jouir d'un environnement sain (Croatie) ou la fourniture d'une protection supplémentaire aux groupes vulnérables par des lois antidiscriminatoires ou la mise en œuvre d'évaluations d'impact détaillées (Royaume-Uni). Ces approches peuvent être cumulatives ; des mesures plus ciblées peuvent s'appuyer sur des approches fondées sur les droits. Toutefois, l'analyse montre que les pays qui ont fait le choix d'approches purement fondées sur les droits abordent les questions de fond de la justice environnementale de manière moins détaillée que ceux ayant adopté des mesures plus ciblées.

La réduction des obstacles à la participation à la prise de décision en matière environnementale fait l'objet d'une large attention. Bien que les approches mises en œuvre dans les faits soient souvent orientées « grand public », des pratiques d'engagement ciblé et adapté émergent. Au Costa Rica, par exemple, des représentants des communautés sont impliqués en tant que « médiateurs culturels » pour faciliter les consultations des populations autochtones ; et au Chili, des ateliers sont organisés avec les enfants afin de mieux comprendre et répondre à leurs besoins spécifiques. Les pays vont par ailleurs au-delà de la simple mise à disposition de l'information environnementale, ils développent également des moyens adaptés au niveau local de la diffuser de manière active.

Parallèlement, la prise en compte des impacts disproportionnés des politiques environnementales semble souffrir d'une négligence relative et de plus en plus critique dans tous les pays. Bien que les pays prennent en compte la répartition des effets des politiques environnementales, l'accent tend à être mis sur des niveaux relativement agrégés, tels que les impacts sectoriels des mesures climatiques. Ceci souligne l'intérêt de l'application d'un prisme de justice environnementale à l'analyse des effets différenciés des politiques, afin d'identifier et de traiter les incidences moins visibles et les vulnérabilités distinctes.

Des défis communs sous-tendent la nécessité de s'attaquer aux disparités environnementales persistantes tout en mettant en œuvre des mesures pour la transition vers des économies plus durables du point de vue de l'environnement. La plupart des pays sont confrontés à des contraintes sur le plan des données et de leurs capacités administratives et financières pour concevoir des mesures efficaces de protection des communautés vulnérables. Par exemple, le manque de données suffisamment granulaires peut entraver les analyses et dissimuler l'ampleur véritable de l'exposition aux risques environnementaux ou de leurs effets néfastes sur la santé.

La diversité des approches et des solutions mises en œuvre pour promouvoir la justice environnementale suggère que l'apprentissage mutuel peut être précieux pour faire avancer les choses. Plusieurs approches, y compris des outils et des méthodologies de détection, sont développées dans différentes juridictions pour prendre en compte les multiples facettes de la vulnérabilité. Par exemple, les orientations en matière d'évaluation d'impact pourraient être élargies ou les données préexistantes des indicateurs de qualité de l'environnement, géographiques et socio-économiques pourraient être superposées. Des signes d'influence mutuelle sont d'ores et déjà observés, comme le montre par exemple la reprise dans une décision judiciaire colombienne de la définition adoptée par l'Agence américaine pour la protection de l'environnement. À l'heure où les pays sont confrontés à l'objectif fédérateur et impérieux de relever les défis environnementaux, une approche comparative et le partage des meilleures pratiques ont le potentiel d'aider à mieux combler les déficits de connaissances.

1 Introduction et vue d'ensemble

Bien qu'aucune définition universelle de la justice environnementale n'existe, elle cherche à remédier à une série de défis récurrents auxquels sont confrontées différentes communautés et groupes. Ce chapitre présente ces défis sous-jacents, notamment l'exposition disproportionnée aux risques environnementaux et aux risques de santé inhérents, et l'accès inégal aux aménagements environnementaux et les préoccupations par rapport à la répartition inégale des effets des politiques environnementales. Ces préoccupations peuvent être exacerbées par un manque d'engagement sincère et de recours en justice. Ce chapitre présente les éléments constitutifs de l'Enquête de l'OCDE sur la justice environnementale, qui visait à identifier les similitudes et les différences dans la manière dont les pays identifient, évaluent et traitent les préoccupations en matière de justice environnementale.

1.1. Introduction

Il est de plus en plus manifeste que, selon leur situation économique et sociale, certaines communautés et certains groupes peuvent se trouver exposés de manière disproportionnée aux risques environnementaux, supporter une part inéquitable des coûts associés aux politiques environnementales et rencontrer davantage d'obstacles à une participation effective à la prise de décision en matière environnementale (se référer, par exemple, à (Walker, 2012[1] ; Mitchell, 2019[2] ; Mabon, 2020[3])). La littérature existante souligne les liens entre ces disparités et une matrice donnée de variables démographiques et socio-économiques (Graphique 1.1). La justice environnementale consiste à reconnaître et à corriger ces problématiques.

Graphique 1.1. Justice environnementale : dimensions et leviers pertinents

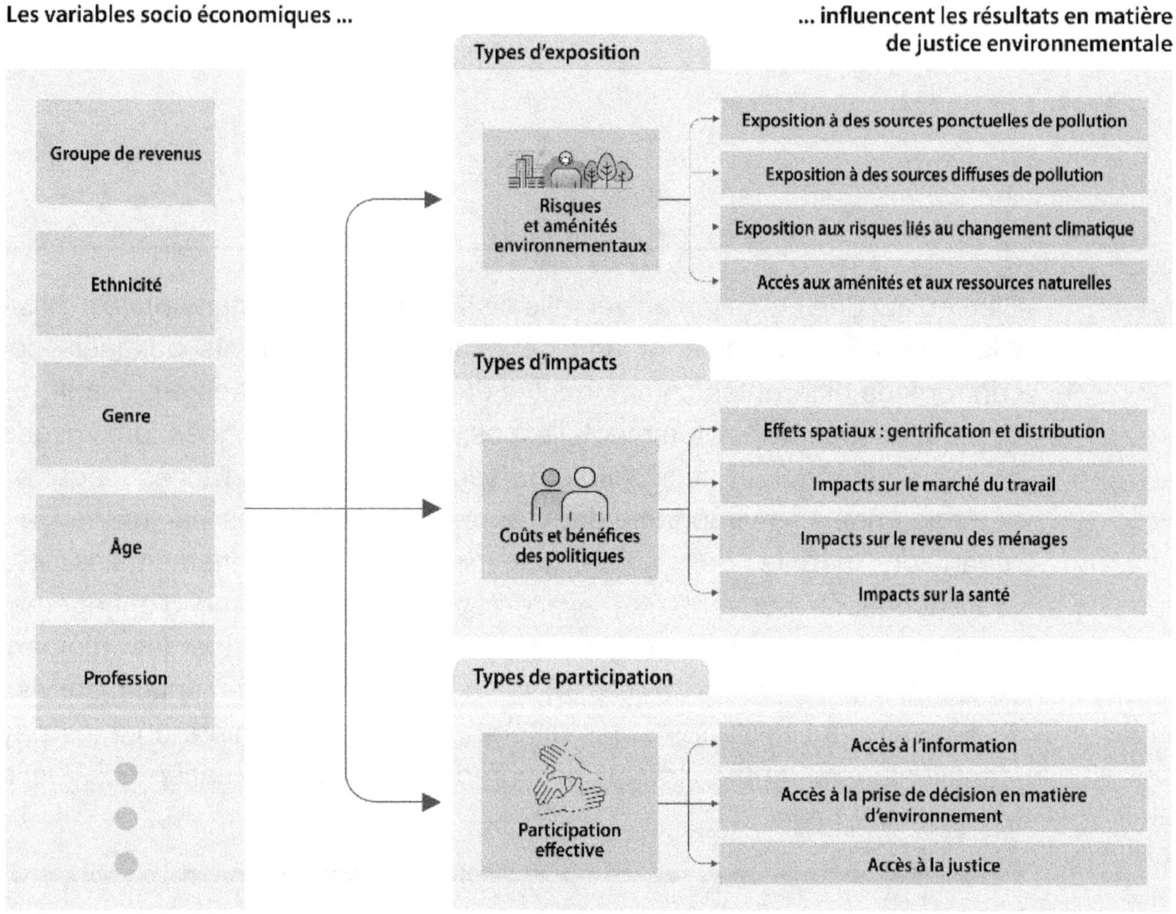

Source : élaboré par les auteurs.

Une approche de justice environnementale met en lumière les liens entre conditions environnementales et conditions sociales. Elle montre comment les niveaux différents de qualité et de protection de l'environnement contribuent à la santé et au bien-être de certains groupes tandis qu'ils nuisent à d'autres. Elle montre également la façon dont les biens environnementaux dont bénéficient certains groupes peuvent exister au détriment de ceux dont jouissent d'autres groupes. Enfin, elle explore la manière dont la capacité à influencer le changement politique et les processus décisionnels connexes varie selon les groupes et les communautés.

Bien que la littérature et l'action publique menée s'inscrivent en grande partie dans des contextes locaux et nationaux spécifiques, compte tenu du caractère commun de bon nombre des défis posés, une évaluation de la manière dont la justice environnementale est mise en œuvre dans ces différents cadres peut être riche d'enseignements pour tous et faciliter l'apprentissage mutuel. C'est dans ce contexte que l'OCDE a décidé de mener une analyse transnationale de la justice environnementale, visant à explorer les différentes approches-pays adoptées en la matière. Le présent rapport examine la manière dont les pays au sein de la zone OCDE et au-delà identifient les préoccupations de justice environnementale, les analysent et y répondent. Une enquête a été soumise aux ministères et agences concernés des pays membres, la Commission Européenne ainsi que plusieurs pays non-membres de l'OCDE.[1]. Les constats dérivés de l'enquête ont été complémentés par des recherches documentaires et des consultations avec des experts et des practiciens.

1.2. À propos de l'enquête OCDE sur la justice environnementale

L'« Enquête de l'OCDE sur la justice environnementale 2023 » est explorative dans son essence, et cherche à identifier les similarités et différences entre les approches de la justice environnementale par les pays. Les 20 questions de l'enquête portaient sur trois thèmes principaux : (i) approches en matière de justice environnementale, (ii) évaluations et données, (iii) mesures d'action publique en faveur de la justice environnementale (Graphique 1.2 et Annexe A). La première partie de l'enquête s'intéressait aux approches adoptées par les pays pour prendre en compte la justice environnementale. La justice environnementale n'a pas été explicitement définie dans l'enquête afin de mieux comprendre comment ce concept est déterminé et appliqué dans différents contextes. À la place, il a été choisi de présenter les principales facettes de la justice environnementale identifiées (exposition inéquitable aux risques environnementaux, accès inéquitable aux aménagements environnementaux, répartition inéquitable des coûts et bénéfices des politiques environnementales et obtacles à l'accès aux informations sur l'environnement, à la participation aux processus de prise de décisions et aux recours juridiques) afin de contribuer à structurer les réponses. Dans cette partie, les pays étaient également invités à partager les caractéristiques qu'ils jugent pertinentes pour identifier les groupes et les communautés à risque. La deuxième partie était consacrée aux outils et méthodologies adoptés par les pays pour évaluer les préoccupations de justice environnementale. La dernière partie de l'enquête se penchait sur la manière dont les pays répondent aux préoccupations de justice environnementale grâce à des mesures d'action publique, ainsi que sur les principaux défis auxquels ils doivent faire face lors de la mise en œuvre de ces mesures.

Graphique 1.2. Vue d'ensemble de l'enquête

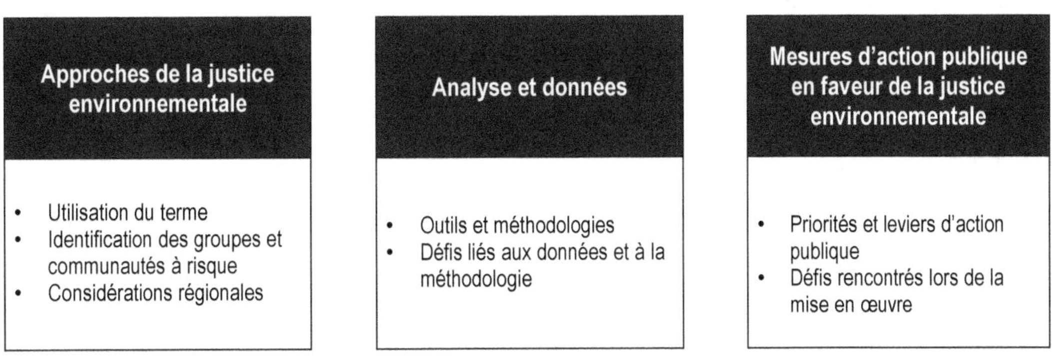

Source : l'enquête de l'OCDE sur la justice environnementale

Compte tenu de la nature transversale des questions de justice environnementale, qui peuvent ne pas relever exactement des attributions des services et ministères, l'enquête encourageait une réponse coordonnée à l'échelle nationale, dans la mesure du possible. Au total, 25 pays (Afrique du Sud, Allemagne, Canada, Chili, Colombie, Corée du Sud, Costa Rica, Croatie, Espagne, Estonie, États-Unis, France, Japon, Lituanie, Mexique, Nouvelle-Zélande, Perou, Pologne, Portugal, République Slovaque, Royaume-Uni (avec des réponses distinctes reçue pour l'Angleterre et l'Ecosse), Suède, Suisse, et Türkiye) ainsi que la Commission européenne ont répondu au questionnaire. Si ce sont les ministères de l'Environnement les répondants dans la majorité des cas, pour certains pays, les réponses ont été communiquées par plusieurs ministères et agences.[2] En ce qui concerne le Royaume-Uni (RU), des réponses distinctes ont été communiquées pour l'Angleterre et l'Écosse, car l'organisation constitutionnelle du Royaume-Uni prévoit que plusieurs compétences en matière d'environnement sont dévolues aux administrations nationales individuelles. Toutefois, l'Irlande du Nord et le Pays de Galles n'ont pas répondu au questionnaire. Les réponses de la Commission européenne représentent une approche régionale plutôt que nationale de la justice environnementale.[3]

Enfin, des recherches documentaires complémentaires ont également été menées, y compris pour des pays comme le Brésil qui ont mis en place des initiatives en matière de justice environnementale, mais pour lesquels les réponses à l'enquête n'étaient pas disponibles. Les exemples tirés de ces recherches documentaires sont donc identifiés comme tels.

1.3. Structure du rapport

La suite du rapport est structuré comme suit : le chapitre 2 s'intéresse aux diverses idées autour desquelles s'articule la justice environnementale. Il retrace l'historique du concept dans les différentes régions pour illustrer sa variabilité, tout en soulignant les éléments unificateurs et les questions de fond qui peuvent être utilement étudiés dans les pays pour éclairer l'élaboration des politiques. Les deux chapitres suivants sont consacrés aux principales conclusions de cette enquête. Le chapitre 3 explore les approches adoptées par les pays au niveau national pour intégrer la justice environnementale dans l'élaboration de leurs politiques. Le chapitre 4 s'intéresse ensuite à la manière dont les pays identifient les préoccupations de justice environnementale, les évaluent et leur apportent une réponse.

Références

Mabon, L. (2020), « Making climate information services accessible to communities: What can we learn from environmental risk communication research? », *Urban Climate*, vol. 31, https://doi.org/10.1016/j.uclim.2019.100537. [3]

Mitchell, G. (2019), « The messy challenge of environmental justice in the UK: evolution, status and prospects », *Natural England Commissioned Report NECR273*, https://eprints.whiterose.ac.uk/148740/1/2019%20Mitchell%20NE%20EJ%20commissioned%20report%20NECR273.pdf. [2]

Walker, G. (2012), *Environmental Justice: Concepts, Evidence and Politics*, Routledge, London, https://doi.org/10.4324/9780203610671. [1]

Notes

[1] L'enquête a été envoyée aux pays suivants (les pays ayant répondu sont marqués par un *): Afrique du Sud*, Allemagne*, Argentine, Australie, Autriche, Belgique, Brésil, Canada*, Chili*, Colombie*, Corée du Sud*, Costa Rica*, Croatie*, Danemark, Espagne*, Estonie*, États-Unis*, Finlande, France*, Grèce, Hongrie, Islande, Indonésie, Irlande, Israël, Italie, Japon*, Lettonie, Lituanie*, Luxembourg, Mexique*, Nouvelle-Zélande*, Norvège, les Pays-Bas, Pérou*, Pologne*, Portugal*, République Slovaque*, République Tchèque, Royaume-Uni* (des réponses distinctes ont été reçues pour l'Angleterre et l'Ecosse), Slovénie, Suède*, Suisse* et Türkiye*.

[2] Les réponses de la Nouvelle-Zélande ont été communiquées par les ministères de l'Environnement et de la Santé. Les réponses du Pérou ont été communiquées par un total de 11 ministères, services et autorités. Les réponses des Directions relevant du ministère de l'Environnement ont été traitées en priorité pour analyse, mais ce rapport s'appuie sur l'ensemble des réponses. Les réponses de la Türkiye ont été communiquées par une entité publique dont les questions environnementales ne sont pas les attributions principales, à savoir l'Organisation de développement des petites et moyennes entreprises.

[3] Les réponses ont mis en avant la transition juste comme le thème central de l'élaboration de l'action publique. Les réponses détaillées de la Commission européenne sont donc examinées dans les domaines où les préoccupations en matière de transition juste et de justice environnementale peuvent se recouper.

2 Fondements de la justice environnementale

Le présent chapitre examine diverses conceptualisations de la justice environnementale, agrégées sur la base d'une revuede littérature. Il retrace l'évolution de la justice environnementale à travers le monde, en s'intéressant aux façons dont différentes parties prenantes se sont emparées du concept. Il explore ensuite plus avant quelques questions de fond autour desquelles les préoccupations de justice environnementale peuvent s'exprimer, ainsi que certains de leurs mécanismes sous-jacents.

Pour faire progresser la justice environnementale, il convient pour commencer de reconnaître que « l'environnement est socialement différencié et inégalement disponible » (Walker, 2012, p. 214[1]). Il s'agit d'un concept pluriel, sans définition universelle (Debbané et Keil, 2004[2]), qui englobe un large éventail de notions autour d'une justice définie en termes de distribution, de processus et de reconnaissance (Schlosberg, 2007[3]). Alors que les pays redoublent d'efforts pour lutter contre la dégradation de l'environnement, la pollution et le changement climatique, le concept de justice environnementale peut nous éclairer sur la manière de garantir l'équité dans les processus et les résultats de l'élaboration des politiques environnementales.

2.1. Évolution de la justice environnementale dans le monde : Un bref historique

L'histoire du concept nous montre que la justice environnementale a connu une évolution différente selon les régions (Schlosberg, 2013[4]). Les orientations différentes prises par les politiques et les recherches au fil des décennies dans les pays s'expliquent par les priorités divergentes qui ont été les leurs vis-à-vis des préoccupations et des communautés de justice environnementale. Souvent facilitée par la constitution délibérée de réseaux transnationaux par les militants, une diffusion des idées entourant la justice environnementale a pu s'opérer (Debbané et Keil, 2004[2]). Alors que le concept est souvent considéré comme ayant ses racines aux États-Unis, il s'est internationalisé, avec des travaux documentant des initiatives répondants à des préoccupations similaires partout dans le monde (Martinez-Alier et al., 2016[5]) (Encadré 2.1).

2.1.1. Amérique du Nord

L'histoire de la justice environnementale remonte au moins aux années 1980 aux États-Unis, avec pour point de départ les manifestations organisées contre le déversement illégal de déchets toxiques dans le comté de Warren, en Caroline du Nord, conté à majorité afro-américaine et à bas revenus (Schlosberg et Collins, 2014[6]). Les mouvements populaires qui se sont peu à peu développés à travers tout le pays et les efforts déployés pour recueillir des données[1] ont contribué à sensibiliser à l'exposition disproportionnée des minorités ethniques et raciales et des populations à faibles revenus aux risques environnementaux, ce qui a conduit l'Agence américaine pour la protection de l'environnement (EPA) à inscrire la justice environnementale au nombre de ses priorités. Le décret 12898[2] a suivi en 1994, exigeant pour la première fois la prise en compte de la justice environnementale dans l'ensemble de l'action fédérale (United States Environmental Protection Agency, 2023[7]).[3]

Le décret 12898 a accru l'attention portée par les chercheurs à la justice environnementale aux États-Unis. Alors que les premières recherches étaient restées axées sur l'étude de l'implantation différenciée des déchets dangereux (Bullard, 1983[8]), le champ d'application s'est progressivement élargi pour prendre en compte l'exposition à d'autres risques environnementaux, tels que la pollution de l'air, l'insalubrité des eaux et la pollution sonore (Banzhaf, Ma et Timmins, 2019[9]), ainsi que l'impact variable des politiques environnementales (Shapiro et Walker, 2021[10]). L'action en matière de justice environnementale s'est progressivement renforcée au fil des ans, et l'EPA l'a désormais placée au cœur de ses préoccupations (OCDE, 2023[11]). En 2021, le président Joe Biden signait le décret 14008[4], qui est venu consolider le programme visant à « faire progresser la justice environnementale » dans le cadre des efforts déployés pour lutter contre le changement climatique (White House, 2021[12]). Plus récemment, le décret 14096[5] a renforcé « l'engagement pangouvernemental de l'administration en faveur de la justice environnementale » (White House, 2023[13]).

Relayé par la presse du monde entier, le mouvement américain des années 1980 a au fil du temps incité à l'identification de modèles d'injustice similaires dans d'autres pays (Mohai, Pellow et Roberts, 2009[14]). Au Canada, un récent corpus d'études explorant l'inégale distribution des dommages environnementaux ainsi que la montée de l'action militante ont amené l'action publique à accorder davantage d'attention au sujet de la justice environnementale. Avec les travaux documentant les inégalités dans la distribution des dommages environnementaux, notamment la contamination des eaux dans les communautés indigènes et afro-canadiennes de Nouvelle-Écosse (Waldron, 2018[15]) et l'exposition au mercure de la communauté des Premières nations de Grassy Narrows (Philibert, Fillion et Mergler, 2020[16]), la gravité des inégalités dans l'accès à un environnement sain est de plus en plus reconnue. Par la suite, un projet de loi visant à élaborer une stratégie nationale pour « évaluer, prévenir et combattre le racisme environnemental et à faire progresser la justice environnementale » a été mis en place (Parlement du Canada, 2023[17]).

2.1.2. Europe

Bien que le rôle des mouvements populaires soit également important en Europe, la justice environnementale s'est invitée à l'agenda de l'action publique d'une manière relativement descendante, en réponse aux accords intergouvernementaux visant à faire progresser et à faire respecter les droits de l'homme (Mitchell, 2019[18]). La convention d'Aarhus[6] – qui établit des droits et des devoirs[7] pour garantir l'accès à l'information et la participation à la prise de décision en matière d'environnement – a influé sur l'évolution de l'Union européenne (UE) et a une des incidences sur les législations et les efforts des autorités nationales pour identifier leur rôle (Bell et Carrick, 2017[19]).

En outre, certains pays européens ont accordé une attention particulière à l'évaluation des préoccupations de justice environnementale par la collecte de données et le développement d'indicateurs, en mettant l'accent sur la répartition spatiale des charges environnementales liées à la santé et sur leur relation avec le dénuement économique (Köckler et al., 2017[20]). Au Royaume-Uni, ces efforts ont abouti à la collecte de données granulaires sur une série de facteurs socio-économiques et environnementaux et à la création d'un « indice de privation multiple » (IMD), qui a ensuite servi de base à l'élaboration d'IMD dans d'autres pays, par exemple en Allemagne (Fairburn, Maier et Braubach, 2016[21]). Des données récentes à l'échelle régionale font également état d'une exposition inégale aux risques environnementaux et à leur impact sur la santé, tant entre les différents pays européens qu'à l'intérieur de ceux-ci (Agence européenne pour l'environnement, 2018[22]).

Contrairement à ce que qu'il s'est passé en Amérique du Nord, il n'y a pas eu en Europe de développement distinct de la justice environnementale en tant que concept en fonction des origines raciales et ethniques. Toutefois, l'absence relative d'éléments factuels mettant en lumière ces préoccupations peut également refléter des contraintes en matière de données, certains pays européens, dont la France par exemple, interdisant la collecte de données sur les origines raciales et ethniques[8]. Quelques études qualitatives documentant les injustices environnementales subies par certaines minorités ethniques en Europe existent néanmoins. Par exemple, par suite de la transition vers des économies de marché, qui a entraîné un isolement géographique accru des communautés roms dans les pays d'Europe centrale et orientale, de nombreuses études de cas montrent que ces communautés pâtissent d'un accès inégal aux aménagements et aux services environnementaux (Heidegger et Wiese, 2020[23]).

2.1.3. Amérique latine

Le développement de l'action pour la justice environnementale dans les pays d'Amérique latine coïncide avec l'histoire de l'intégration plus poussée de la région dans l'économie mondiale à partir des années 1990 (Rasmussen et Pinho, 2016[24]). La recherche dans la région s'est depuis lors intéressée aux risques associés au développement industriel rapide, tels que ceux créés par les déchets industriels et la pollution, ainsi qu'à leur impact disproportionné sur les groupes à faible revenu (Carruthers, 2008[25]). La manière dont la justice environnementale a pu progresser au Mexique est caractéristique : les premières données recueillies, faisant état d'une exposition disproportionnée des quartiers situés à proximité des parcs industriels tournés vers l'exportation à des risques chimiques, l'ont été dans les années 1990 *(ibid)*. Les plaintes des communautés et des militants, dénonçant les effets néfastes sur la santé des populations, ont finalement conduit à une coopération entre les autorités mexicaines et états-uniennes, qui s'est traduite par un engagement à traiter les déchets industriels au début des années 2000 *(ibid.)*. Ces affaires ont mis en lumière le manque d'informations et de mécanismes structurels adaptés pour traiter les questions de justice environnementale, ce qui a déclenché une série de mesures de la part des pouvoirs publics, aux fins notamment d'une meilleure information sur les pollutions.

Les préoccupations de justice environnementale dans la région sont également aggravées par l'urbanisation rapide qu'elle connaît et les difficultés liées à la fourniture de logements et d'aménités adéquats, ce qui entraîne le développement d'implantations sauvages et de bidonvilles plus vulnérables aux risques environnementaux d'origine naturelle ou humaine (Vásquez et al., 2018[26]). Les racines historiques de l'inéquitable répartition des terres et des ressources en eau ont également été prises en compte *(ibid)*. Par exemple, dans de nombreuses régions d'Amérique latine, la notion d'autonomie et d'autodétermination des communautés indigènes a acquis une dimension environnementale en conséquence de l'essor des industries, y compris de l'agriculture intensive (Ulloa, 2017[27]).

Au cours de la dernière décennie, la coopération régionale au service de la justice environnementale s'est notablement développée en Amérique latine. L'engagement réaffirmé de plusieurs pays d'Amérique latine en faveur des droits d'accès à l'information, à la participation et à la justice (définis en termes de voies de recours) en matière environnementale lors du sommet Rio+20 de 2012 s'est ensuite traduit par la conclusion de l'Accord d'Escazú, un instrument juridique régional garantissant et promouvant ces droits (Commission économique pour l'Amérique latine et les Caraïbes, 2022[28]) (Encadré 2.1). La notion de justice environnementale dans la région met donc davantage l'accent sur l'accès au recours judiciaire. Ces développements peuvent s'expliquer, notamment, par le caractère transnational de biomes majeurs présents en Amérique latine, tels que la forêt amazonienne qui s'étend sur plusieurs pays, ainsi que par la montée des préoccupations autour de l'impunité apparente des auteurs de crimes contre l'environnement et d'agressions contre les défenseurs de l'environnement[9]. Par exemple, lors de la troisième réunion de la Conférence des Parties à l'Accord d'Escazú, les États Parties ont approuvé le Plan d'Action sur les Défenseurs des Droits de l'Homme en Matière Environnementale (United Nations, 2024[29]). Le Plan met en évidence les priorités et les mesures stratégiques pour faire avancer la mise en œuvre de l'article 9 de l'Accord d'Escazú sur les défenseurs des droits de l'homme en matière environnementale.

2.1.4. Asie-Pacifique

Si, dans le sillage des mouvements catalytiques états-uniens, des mouvements de justice environnementale se sont développés dans de nombreux autres pays, la justice environnementale ne s'est pas imposée comme un concept couramment évoqué au Japon (Fan et Chou, 2017[30]) et en Australie (Schlosberg, Rickards et Byrne, 2018[31]). On trouve néanmoins le terme utilisé au Japon dans le contexte plus large d'études sur la pollution de l'environnement durant la croissance industrielle à la fin des années 1950[10] (Fan et Chou, 2017[30]). Le terme a par ailleurs été repris par les communautés aborigènes d'Australie, dont les préoccupations environnementales sur les ressources naturelles reflètent leur lien avec le lieu et leur sentiment d'obligation morale et spirituelle de prendre soin du « pays »[11] (Schlosberg, Rickards et Byrne, 2018[31]). Bien que le terme soit également peu usité en Nouvelle-Zélande, l'approche culturellement éclairée de l'action publique cherche à reconnaître les effets disparates que les politiques environnementales et climatiques peuvent avoir sur les populations indigènes (Ministère de l'Environnement, 2022[32]).

La Corée du Sud est une exception notable dans la région, avec une politique de l'environnement qui s'est progressivement axée de plus en plus explicitement sur la justice environnementale au cours des dernières décennies. Le concept a pour la première fois attiré l'attention de l'opinion publique en 1999, avec l'écho donné par le Forum sur la justice environnementale organisé par des militants écologistes au problème des inégalités d'accès à l'eau potable (Bell, 2014[33]). La reconnaissance accrue d'une qualité de l'environnement disparate entre les communautés et les régions a incité la Corée du Sud à adopter des mesures d'atténuation, notamment par la modification de sa loi-cadre sur la politique environnementale en 2019.

2.1.5. Afrique

Sur le continent africain, la justice environnementale a connu un essor notable en Afrique du Sud qui remonte à la fin des années 1980 avec les mouvements nés dans le contexte plus large des luttes pour la démocratie, et qui a pris de l'ampleur au début des années 1990 (McDonald, 2002[34]). En attirant l'attention sur les échecs des politiques environnementales passées et les problèmes d'exposition aux déchets toxiques, les syndicats et les organisations de la société civile ont joué à cet égard un rôle important (Lukey, 2002[35]). Le concept est entré dans le lexique populaire en Afrique du Sud avec la conférence organisée par Earthlife Africa, dont l'un des principaux résultats a été la création d'une organisation nationale qui coordonnait les activités des militants de la justice environnementale et sociale (McDonald, 2002[34]). La reconnaissance des droits environnementaux, y compris en ce qui concerne l'accès à la participation, a été inscrite dans la Déclaration des droits de 1994, adoptée ensuite dans la nouvelle constitution en 1996 (Hall et Lukey, 2023[36]).

En Afrique, une grande partie de la recherche en matière de justice environnementale s'inscrit dans le contexte du développement économique, élucidant les liens entre les risques posés par certaines industries et leur centralité simultanée dans leurs économies nationales. Une attention particulière est accordée à l'impact des industries extractives (Aldinger, 2013[37] ; Banza et al., 2009[38] ; Martinez-Alier, 2001[39]) et des déchets électroniques (Akese et Little, 2018[40]) sur la santé humaine et l'environnement. Certains soulignent par ailleurs que la portée de la justice environnementale pourrait en fait être plus large en Afrique subsaharienne que ce qui est souvent envisagé dans d'autres pays, reflétant la nature unique de la relation des communautés rurales avec leurs terres et leur dépendance à l'égard des ressources naturelles (Aldinger, 2013[37]).

Encadré 2.1. Documenter les préoccupations de justice environnementale à l'échelle mondiale : L'Atlas mondial de la justice environnementale (EJAtlas)

Le mouvement pour la justice environnementale a été décrit comme étant « ancré localement mais connecté mondialement » (Cock, 2006, p. 22[41]). L'Atlas de la justice environnementale (EJAtlas), créé en 2014, est un résultat caractéristique de la constitution délibérée en réseaux transnationaux de l'activisme pour la justice environnementale. L'EJAtlas est une archive interactive en ligne qui documente et répertorie les cas de conflits socio-environnementaux à l'échelle mondiale (Global Environmental Justice Atlas, 2024[42]). Illustrant l'évolution de la justice environnementale en tant qu'activité militante et domaine de recherche, il est tenu à jour par des collaborateurs-pays, notamment des organisations de la société civile et des universitaires.

L'EJAtlas donne de la visibilité aux cas de préoccupations de justice environnementale, qui pourraient autrement rester ignorés (Martinez-Alier et al., 2016[5]). Bien que chaque cas documenté reflète des griefs locaux, l'Atlas attire l'attention sur la prévalence des préoccupations de justice environnementale dans le monde entier. Au cours des 50 dernières années, plus de 3 300 cas ont été documentés.

2.2. Principaux piliers conceptuels de la justice environnementale et concepts connexes

Comme il ressort de son histoire dans les différentes régions, le concept de justice environnementale s'articule autour d'un large ensemble d'idées, et il n'existe pour l'heure aucune définition ou métrique universelle pour mesurer la justice environnementale (Walker, 2012[1]). Les différentes façons dont les préoccupations de justice environnementale se manifestent peuvent limiter la mesure dans laquelle le concept peut être défini d'une manière qui soit utile dans tous les pays. Toutefois, certains éléments récurrents peuvent être considérés comme des piliers conceptuels clés de la justice environnementale, à savoir (i) la justice distributive, (ii) la justice procédurale et (iii) la justice de reconnaissance (Schlosberg, 2004[43]).

2.2.1. La justice distributive

Ancrées dans les origines historiques de l'activisme qui a mis en lumière les inégalités environnementales, les considérations distributives sont souvent au cœur de la justice environnementale. La justice distributive attire l'attention sur la nécessité d'examiner la façon dont les multiples modèles d'inégalités existants liés aux caractéristiques des communautés peuvent entraîner une exposition inéquitable, une vulnérabilité face aux risques environnementaux et une impossibilité d'accéder aux aménagements environnementaux, de même que l'impact différencié que les politiques peuvent avoir sur les communautés.

2.2.2. La justice procédurale

La justice environnementale souligne également l'importance des processus et des procédures, en reconnaissant la nécessité de comprendre comment sont prises les décisions, qui peut être impliqué et qui peut influencer les décisions environnementales. La justice procédurale peut être considérée à la fois comme un moyen de corriger une distribution inéquitable et comme une fin en soi pour parvenir à la justice environnementale (Bell et Carrick, 2017[19]). Traduisant cette double importance, les mouvements de justice environnementale appellent souvent à la mise en place de formes de participation variées adaptées à la diversité des communautés (culturelle et linguistique, par exemple), qui leur permettent de participer de manière significative au processus décisionnel en matière d'environnement (Schlosberg, 2004[43]). L'importance fondamentale d'une participation effective au processus décisionnel en matière d'environnement et de l'accès à l'information, en tant que droits de l'homme, est également soulignée dans divers instruments internationaux et régionaux (Encadré 2.2).

2.2.3. La justice de reconnaissance

La justice de reconnaissance identifie l'irrespect et la sous-évaluation systématique de certaines communautés comme une source d'injustice (Whyte, 2017[44]). Le manque de reconnaissance peut résulter de l'incapacité à reconnaître la diversité des identités et des patrimoines environnementaux et culturels (Schlosberg, 2004[43] ; Fraser, 2000[45]). La justice de reconnaissance est souvent évoquée dans le contexte de minorités racialisées et de peuples autochtones, mais il s'agit d'un concept global qui met en garde contre la généralisation systémique et excessive des groupes et des communautés (Whyte, 2017[44]).[12] Le respect des diverses valeurs et expériences des communautés est donc considéré comme une condition préalable à la réalisation de la justice distributive et procédurale. Le Graphique 2.1 décrit les liens complexes qui démontrent comment ces trois piliers de la justice/l'injustice peuvent se renforcer mutuellement.

Graphique 2.1. Liens entre la justice/l'injustice environnementale distributive, procédurale et de reconnaissance

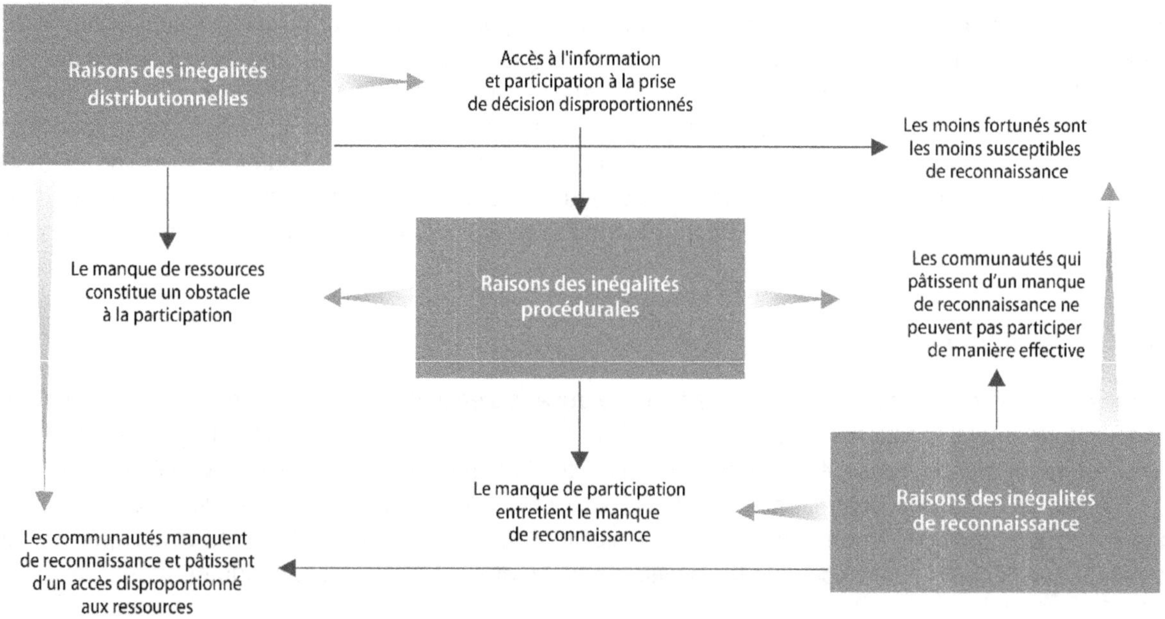

Source : Adapté de (Walker, 2012, p. 65[1])

Encadré 2.2. Rôle des instruments internationaux dans la promotion de la justice environnementale procédurale

La Convention sur l'accès à l'information, la participation du public au processus décisionnel et l'accès à la justice en matière d'environnement (Convention d'Aarhus), 1998

Bien que la Convention ne fasse pas explicitement référence à la notion de justice environnementale, elle oblige les Parties à garantir les droits d'accès à l'information, de participation au processus décisionnel et d'accès à la justice dans le but de « de contribuer à protéger le droit de chacun, dans les générations présentes et futures, de vivre dans un environnement propre à assurer sa santé et son bien-être » (CEE-ONU, 1998[46]). Dans l'Union européenne, ces obligations ont été transposées dans le droit européen par des directives qui sont directement applicables dans tous les États membres de l'UE, à savoir la directive sur l'accès à l'information en matière d'environnement (2003/4/CE) et la directive sur la participation du public (2003/35/CE) (Commission européenne, s.d.[47]).

L'Accord régional sur l'accès à l'information, la participation publique et l'accès à la justice à propos des questions environnementales en Amérique latine et dans les Caraïbes (Accord d'Escazú), 2018

L'Accord d'Escazú, qui met également l'accent sur les droits procéduraux, est un instrument visant à protéger à la fois l'environnement et les droits de l'homme (Commission économique pour l'Amérique latine et les Caraïbes, 2018[48]). L'Accord porte une attention particulière aux personnes et groupes en situation de vulnérabilité et comprend des dispositions spéciales visant à protéger leurs droits à l'information, à la participation et à la justice. Son article 2, point e), définit par ailleurs la notion de personnes ou groupes en situation de vulnérabilité comme suit : « on entend par "personnes ou groupes en situation de vulnérabilité" les personnes ou groupes qui rencontrent des difficultés particulières pour exercer pleinement leurs droits d'accès reconnus dans le présent Accord, en raison de circonstances ou de conditions entendues dans le contexte national de chaque Partie et conformément à ses obligations internationales » (*ibid*). L'Accord a été ratifié par 16 pays, ce qui en fait un instrument clé pour faire progresser la justice environnementale dans les régions. Les Parties à l'accord d'Escazú mettent en œuvre les principes spécifiés individuellement.

Principes communs et spécificités régionales

Ces instruments que sont la Convention d'Aarhus et l'Accord d'Escazú, adoptés à deux décennies d'intervalle, sont tous deux des développements importants du Principe 10 de la Déclaration de Rio (Barritt, 2020[49]), disposant que « la meilleure façon de traiter les questions d'environnement est d'assurer la participation de tous les citoyens concernés, au niveau qui convient » (Nations Unies, 1992[50]). Ils présentent cependant des différences importantes, qui reflètent les expressions régionales différenciées des valeurs censément universelles de promotion des droits d'accès (Barritt, 2020[49]). Par exemple, l'Accord d'Escazú est le premier accord international dans lequel ont été introduites des dispositions (article 9) visant à améliorer la protection des défenseurs de l'environnement (Andrade-Goffe, Excell et Sanhueza, 2023[51]).

2.2.4. Justice environnementale et concepts connexes

Reflétant l'expansion du discours sur la justice environnementale dans l'espace et dans le temps, les concepts autour des termes « justice » et « juste » se sont développés au cours de la dernière décennie (Agyeman et al., 2016[52]). En particulier, le concept de « justice climatique » s'est imposé dans le discours public au cours de ces dernières années. L'origine du concept est étroitement liée à l'évolution de la justice environnementale (Schlosberg et Collins, 2014[6]). Le changement climatique a une dimension distributive importante, tant dans ses causes que dans ses effets, comme le montre la forte hétérogénéité des émissions entre les pays et à l'intérieur de ceux-ci (Bruckner et al., 2022[53])[13] et la charge supportée par ceux qui sont le moins responsables des émissions historiques (Agyeman, Bullard et Evans, 2002[54]). Il est également régulièrement utilisé par tout un éventail de parties prenantes pour mobiliser l'action et arguer sur les pertes et dommages, les responsabilités historiques ainsi que la répartition des besoins en matière de financement et d'adaptation (Wang et Lo, 2021[55]), en particulier dans les pays à faible revenu (Resnik, 2022[56]). La justice climatique est également ancrée dans la justice intergénérationnelle et problématise la prise en compte insuffisante du bien-être des enfants, des jeunes et des générations futures (Gibbons, 2014[57]).

La « transition juste » est un autre concept qui s'est imposé à mesure que les conséquences distributives de la transition vers une économie plus durable sont devenues de plus en plus visibles. Reconnaissant les opportunités et les défis qu'induisent les transformations économiques et sociales d'ampleur nécessaires pour relever les défis environnementaux urgents, y compris le changement climatique, il attire l'attention sur la nécessité de veiller à ce que personne ne soit laissé pour compte et de mettre en place des politiques visant à compenser les effets perturbateurs de la transition (Groupe d'experts intergouvernemental sur l'évolution du climat, 2023[58]). Concept né à l'origine dans le monde du travail[14] et utilisé par les syndicats dans les années 1980 pour obtenir une meilleure protection des travailleurs touchés par de nouvelles réglementations introduites et confrontés de ce fait à la perspective de perdre leur emploi, il s'est élargi pour englober les multiples impacts sociaux et économiques de la transition, notamment l'accès à l'énergie (Wang et Lo, 2021[55]). Tirant profit du large soutien international aux « Principes directeurs pour une transition juste vers des économies et des sociétés écologiquement durables pour tous » (Organisation internationale du Travail, 2016[59]), il est aujourd'hui reconnu comme une approche directrice pour la conception et la mise en œuvre des politiques.

Les concepts de justice environnementale, de justice climatique et de transition juste restent définis et utilisés de manière très ambiguë dans les discussions sur les politiques publiques. Néanmoins, ils ont en commun se focaliser sur l'équité et la justice, ce qui reflètent leurs origines et leur influence mutuelle, et de pointer chacun la vulnérabilité particulière de certaines communautés, attirant l'attention sur la disproportion des charges et l'importance des aspects distributifs et procéduraux (McCauley et Heffron, 2018[60]).

Alors que les études en matière de justice environnementale sont souvent associées aux incidences spécifiques pour un site ou une communauté (Rasmussen et Pinho, 2016[24]), il existe d'importantes dimensions nationales et régionales. De même, alors que la justice climatique est généralement associée aux implications internationales du changement climatique, l'impact inégal du changement climatique et les besoins d'adaptation se manifestent à l'échelle locale, régionale et nationale (Schlosberg et Collins, 2014[6]). Par exemple, les groupes à faible revenu dans les pays en développement peuvent être plus vulnérables au changement climatique que les groupes à plus hauts revenus des mêmes pays, du fait d'investissements déséquilibrés dans la réduction des risques de catastrophes dans les zones aisées[15] et de prix plus bas du logement et des terrains dans les zones exposées aux risques où ils s'installent de manière disproportionnée (Hallegatte et al., 2020[61]). Le concept de transition juste, quant à lui, attire l'attention sur les incidences sectorielles différenciées de la transition vers une économie plus durable, mais il est également multi-échelle dans la mesure où la transformation sociale et économique rendue nécessaire par la transition a également des implications nationales et internationales (McCauley et Heffron, 2018[60]).

Une autre distinction peut être faite sur la dimension temporelle. Certains experts considèrent que, bien que les concepts de justice environnementale et de justice climatique s'intéressent tous deux à la fois aux conséquences durables des injustices du passé et au besoin pressant de répondre aux préoccupations distributives du présent, la justice climatique et les transitions justes mettent également l'accent sur les trajectoires futures (Jenkins, 2018[62]). Malgré ces recoupements notables dans la théorie et la pratique, ces concepts servent aussi des objectifs distincts et tout aussi importants pour façonner les discussions sur les politiques publiques et éclairer leur élaboration.

2.3. Analyse des questions de fond posées à la justice environnementale

La nature spécifique au contexte des données sur l'injustice environnementale défie toute généralisation dans des pays différents. Par exemple, si la recherche sur la justice environnementale montre que les groupes à faible revenu tendent à subir des résultats environnementaux inéquitables, la caractérisation de ces groupes comme étant universellement désavantagés n'est pas toujours valable dans la mesure où des nuances locales ainsi que d'importantes exceptions peuvent exister (Hajat, Hsia et O'Neill, 2015[63]).

Cependant, des décennies de recherche interdisciplinaire ont également mis en lumière certains points communs entre les préoccupations de justice environnementale dans l'espace et dans le temps, qui incluent les trois questions essentielles suivantes: (i) les inégalités dans l'exposition aux risques environnementaux et l'accès aux aménagements environnementaux, (ii) les inégalités dans la répartition des coûts et des bénéfices de la politique environnementale, et (iii) les obstacles à l'accès à l'information environnementale, à la participation à la prise de décision et aux recours judiciaires. Les caractéristiques des segments de population concernés de manière disproportionnée et la mesure dans laquelle telle ou telle question particulière est considérée comme problématique diffèrent nécessairement d'un pays à l'autre. Il est également important de noter que ces trois questions de fond ne sont pas exhaustives ; elles sont à considérer comme des questions récurrentes qui ont des implications pour la justice environnementale ainsi que pour les problèmes de santé des populations impactées. Cependant, leur prégnance suggère qu'un potentiel d'apprentissage mutuel existe pour les pays quant à la manière d'identifier ces préoccupations, de les analyser et d'y répondre.

2.3.1. *Inégalités dans l'exposition aux dommages environnementaux et l'accès aux aménités environnementales*

Les inégalités dans la distribution des risques environnementaux d'origine naturelle et humaine et l'exposition à ceux-ci sont largement documentées dans la recherche. L'exposition peut être liée : (i) à une pollution ponctuelle (par exemple, le rejet de produits chimiques toxiques par des installations industrielles) ; (ii) à une pollution diffuse (par exemple, des eaux contaminées par le ruissellement agricole) ; ou encore (iii) à un risque naturel (par exemple, le risque d'inondations). Si certains contaminants ont des voies d'exposition établies et reconnues, d'autres voies, ainsi que la disponibilité inégale de mécanismes d'adaptation, ne reçoivent souvent que peu d'attention ou sont mal compris. En outre, des travaux récents ont élargi le champ d'investigation de la recherche pour prendre également en compte les inégalités dans l'accès aux aménagements environnementaux, qui peuvent exacerber les vulnérabilités existantes.

Ces inégalités peuvent aussi accroître les risques d'effets néfastes sur la santé et le bien-être des communautés déjà surchargées par la pollution. Les liens entre la santé et les contaminants tels que la pollution de l'air – la principale cause environnementale de mortalité (Manisalidis et al., 2020[64]) – ayant été démontrés, une exposition inéquitable peut interagir avec d'autres déterminants sociaux de la santé[16] ainsi que des vulnérabilités individuelles pour entraîner une aggravation de l'hétérogénéité des résultats sanitaires.

Types de pollutions et mécanismes d'adaptation inégalement disponibles

Les pollutions ponctuelles

Rassemblées depuis l'origine historique du mouvement pour la justice environnementale, et reflétant en partie la production omniprésente de déchets dans la vie moderne, les données décrivant les inégalités dans l'exposition aux risques environnementaux sont particulièrement riches en ce qui concerne les déchets dangereux et la pollution de l'air, des eaux et des sols dans le monde entier (Walker, 2012[1]). Si les premières études se concentraient sur la relation entre l'origine raciale et le revenu et l'implantation d'installations telles que des décharges de déchets dangereux (Been, 1994[65]) ou des incinérateurs (Bullard, 1990[66] ; Bullard, 1983[8]) aux États-Unis, la recherche s'est élargie au fil des décennies pour prendre également en compte tout un éventail de sources de pollution ponctuelles ainsi que l'impact d'une matrice plus large de facteurs socio-économiques et de caractéristiques géographiques (Sze et Londres, 2008[67]). Par exemple, des éléments existent aujourd'hui documentant une série de préoccupations autour des charges environnementales imposées aux immigrés dans les régions industrielles (Viel et al., 2011[68]), aux communautés rurales vivant à proximité d'élevages industriels (Kravchenko et al., 2018[69]), ainsi que les effets localisés des activités transnationales (Encadré 2.4).

Bien que les débats se poursuivent sur les raisons de leur apparition (Encadré 2.4), des progrès méthodologiques ont été accomplis dans l'identification des expositions inéquitables à ces sources ponctuelles de pollution, permettant de s'éloigner de la « coïncidence unité-risque », qui compare la composition démographique des unités géographiques présentant des risques (ce qui ne tient pas compte de l'exposition des communautés voisines situées juste à l'extérieur de l'unité choisie), et de prendre en compte la distance par rapport aux sources de pollution (Banzhaf, Ma et Timmins, 2019[70]). Si la distance aux sources de pollution reste fondamentale pour comprendre les expositions inéquitables, des méthodologies plus nuancées tiennent aussi compte des différentes propriétés physiques et chimiques des polluants et de leurs modèles de dispersion (Cain et al., 2023[71]).

Les pollutions diffuses

Contrairement aux pollutions ponctuelles, les pollutions diffuses sont le fait de multiples rejets de polluants et de sources hétérogènes (ménages, ruissellement agricole, etc.) sans qu'il soit le plus souvent possible de leur attribuer avec précision des unités d'émissions individuelles (Xepapadeas, 2011[72]).[17] La distribution de l'impact de la pollution des eaux peut faire peser une charge disproportionnée sur certaines communautés, reflétant l'interconnexion des systèmes hydriques. Par exemple, les bassins versants[18] peuvent véhiculer à la fois la pollution ponctuelle et la pollution diffuse, en transférant les coûts de la pollution en amont sur des communautés disposant de moins de ressources à l'extrémité du bassin versant (Finewood et al., 2023[73]). En raison de la difficulté d'attribuer la responsabilité de la pollution diffuse des eaux souterraines et de surface à des acteurs hétérogènes ainsi que des coûts de transaction élevés de la coordination (OCDE, 2012[74]), il peut s'avérer difficile de remédier à une exposition inéquitable, qui crée une inégalité dans l'accès à une eau potable sûre et abordable (Karasaki et al., 2023[75]).

Encadré 2.3. Considérations environnementales transnationales

Le commerce international ainsi que le contexte transnational dans lesquels les entreprises évoluent peuvent être des points d'intérêts pertinents pour la conception de politiques environnementales locales. Des études sur la justice environnementale ont également attiré l'attention, notamment, sur le commerce des déchets toxiques et l'extraction de matériaux en lien avec les inégalités économiques mondiales, les qualifiantd'« échanges écologiques inégaux » (Pellow, 2008[76] ; Martinez-Alier, 2001[39]). Bien qu'ils soient relativement récents, un certain nombre de travaux se sont intéressés à l'impact environnemental (par exemple sur l'eau et l'énergie) et social local des stratégies d'expansion de l'utilisation de l'hydrogène produit à partir d'énergies renouvelables, tournées vers l'importation et qui se développent rapidement (Müller, Tunn et Kalt, 2022[77] ; Dillman et Heinonen, 2022[78]).

Échanges internationaux et impacts environnementaux

Le commerce international est à l'origine d'innombrables bienfaits sociaux et économiques, permettant à des millions d'individus de sortir de la pauvreté et délivrant partout des capacités et des opportunités de préservation des moyens de subsistance (World Bank Group and World Trade Organization, 2015[79]). Cependant, bien qu'il puisse contribuer à la durabilité environnementale, par exemple en permettant le transfert de technologies propres (Garsous et Worack, 2021[80]), son impact global sur l'environnement suscite également des inquiétudes. Conscients de l'intérêt et des difficultés de promouvoir un commerce ouvert tout en atténuant ses effets négatifs, les pays ont adopté des mécanismes pour intégrer des considérations environnementales dans leurs accords commerciaux. À titre d'exemple, citons le « guichet unique », un mécanisme de dépôt de plaintes applicable à tous les accords de libre-échange de l'UE, par lequel le public peut signaler toute violation des engagements pris en matière de durabilité (Commission européenne, s.d.[81]). De même, de nombreux pays incluent de plus en plus de dispositions environnementales dans leurs accords commerciaux régionaux (ACR) négociés entre partenaires (OCDE, 2023[82]).

Le rôle des entreprises

Le mouvement pour la justice environnementale reconnaît également de longue date l'impact des activités des entreprises (Foerster, 2019[83]), la responsabilité des multinationales ayant été pointé du doigt dès les années 1990 aux États-Unis. Cette préoccupation reste d'actualité alors que les conflits de justice environnementale perdurent, par exemple, le contexte de l'extraction des ressources et de l'élimination des déchets (Martínez Alier, 2020[84]) et la sécurité chimique. L'EJAtlas (voir également Encadré 2.2) recense plus d'un millier de litiges entre des communautés et des entreprises.

Par exemple, la catastrophe gazière de Bhopal en Inde il y a 40 ans – due à un incident dans une usine de la compagnie Union Carbide – a tué des milliers de personnes, en a blessé à vie des centaines de milliers d'autres, et est largement considérée comme la plus grave catastrophe chimique industrielle à ce jour (Eckerman et Børsen, 2021[85]). Bien que les conséquences de la catastrophe de Bhopal soient de moins en moins médiatisées, son héritage socio-économique et environnemental perdure : les femmes continuent de souffrir de problèmes de santé reproductive, les enfants de handicaps cognitifs, les maladies chroniques sont très répandues, et les eaux et les sols restent contaminés (Deb, 2023[86]). Les données montrent également des effets à long terme sur l'emploi, les femmes qui étaient enceintes au moment de la catastrophe étant plus susceptibles de souffrir d'un handicap ayant affecté leur emploi, et présentant des taux de cancer plus élevés et des niveaux d'éducation plus faibles (McCord et al., 2023[87]).

Ces tragédies et leurs répercussions à long terme démontrent les incidences critiques que les activités des entreprises peuvent avoir sur la société, l'économie et l'environnement. Dans le même temps, ces problématiques soulignent l'importance de se pencher sur la façon dont les entreprises, indépendamment de leur taille et de leur lieu d'implantation, peuvent jouer un rôle plus actif dans la prévention des impacts négatifs sur l'environnement. Dans ce contexte, le Guide OCDE sur le devoir de diligence pour une conduite raisonnable des entreprises suggère des principes et des actions pratiques pour identifier, prévenir et atténuer les impacts négatifs de leurs opérations, chaînes d'approvisionnement et autres relations d'affaires, tout en reconnaissant et en promouvant les contributions positives des entreprises (OCDE, 2018[88]).

Risques naturels et changement climatique

Alors que l'impact du changement climatique se fait de plus en plus visible, la recherche a également attiré l'attention sur la distribution inégale des risques environnementaux (Collins et Grineski, 2018[89]). Comme l'ont montré de manière éclatante des événements dévastateurs tels que l'ouragan Katrina en 2005, les risques naturels affectent différemment les communautés tout au long de leur cycle, depuis l'impact initial et l'évacuation jusqu'à la normalisation post-catastrophe (Bullard et Wright, 2018[90]). Un grand nombre d'études ont pointé l'impact disproportionné des aléas naturels sur certaines communautés et certains individus. Par exemple, des recherches ont mis en évidence l'exposition inégale à long terme des communautés autochtones à la pollution atmosphérique provoquée par les incendies de forêt (Casey et al., 2024[91]), ainsi que le taux de mortalité nettement plus élevé des personnes handicapées lors des catastrophes naturelles (Stein et Stein, 2022[92]).[19] Toutefois, le fait que la proximité du risque crée à la fois des dangers environnementaux et des aménagements environnementaux (accès à la mer, à la rivière) défie toute caractérisation simpliste des vulnérabilités en termes de dimension spatiale (Collins et Grineski, 2018[89]).

Il est important de noter que les liens entre les risques environnementaux d'origine humaine et les risques climatiques sont de plus en plus reconnus. Les accidents industriels déclenchés par des phénomènes météorologiques extrêmes sont de plus en plus préoccupants, exposant les communautés environnantes à des risques aigus (Johnston et Cushing, 2020[93]). Même après la fermeture des installations industrielles, les contaminants de l'eau et des sols dont elles sont responsables peuvent encore être charriés par les inondations et les ouragans, entraînant de nouvelles inégalités à l'intersection de la pollution héritée et d'aléas naturels qui tendent à gagner en gravité et en fréquence (Marlow, Elliott et Frickel, 2022[94]). Ces préoccupations témoignent du défi croissant que représente la correction des problèmes persistants du passé tout en atténuant l'impact climatique anticipé à l'avenir.

Des mécanismes d'adaptation inégalement disponibles

Outre cette exposition inégale, les contraintes financières peuvent empêcher les communautés vulnérables de s'adapter à la pollution et aux risques en se relocalisant ou en se dotant de produits ou de technologies d'atténuation (Ezell et al., 2021[95] ; Boyd, 2023[96]). Les mécanismes d'adaptation à l'insalubrité de l'eau, par exemple, induisent des coûts financiers supplémentaires liés à l'achat d'eau en bouteille et de coûteux systèmes de filtrage – des choix qui peuvent ne pas être accessibles aux groupes à faibles revenus – auxquels s'ajoute la détresse psychologique (Karasaki et al., 2023[75]). Un autre exemple est celui des contraintes financières pour s'adapter et faire face aux effets du changement climatique, tels que les vagues de chaleur de plus en plus fréquentes, certains travaux ayant montré que les dépenses énergétiques réagissaient moins aux températures extrêmes dans les ménages à faibles revenus, ce qui suggère une capacité d'adaptation différenciée (Doremus, Jacqz et Johnston, 2022[97]).

Même lorsque des mesures sont en place pour corriger une exposition inégale, la recherche empirique suggère que l'adoption et la participation effectives peuvent être entravées par divers obstacles dans les communautés vulnérables. Dans le cas du programme d'inspection et de remplacement des branchements au plomb pour l'eau potable déployé aux États-Unis, un certain nombre d'obstacles non financiers, notamment le manque de confiance dans les systèmes d'approvisionnement en eau, le manque d'information et les réticences à prendre rendez-vous, ont entravé la participation au programme (Klemick et al., 2024[98]). Des obstacles financiers peuvent également limiter la participation, en particulier dans les zones défavorisées où les coûts sont supportés par les utilisateurs en raison de l'impossibilité pour les fournisseurs de services de réseau d'accéder au crédit et à des fonds publics, ce qui rend le coût de la participation prohibitif pour de nombreux groupes à faibles revenus (Klemick et al., 2024[98] ; Allaire et Acquah, 2022[99]).

Encadré 2.4. Charge disproportionnée et proximité de sources de risques environnementaux : mécanismes sous-jacents

Si les études observationnelles documentant les liens entre les résultats environnementaux et sociaux aident à attirer l'attention sur les préoccupations de justice environnementale, la recherche explorant les raisons de leur apparition est relativement limitée (Knoble et Yu, 2023[100]). Il s'avère difficile d'établir et d'expliquer leur causalité, d'autant plus que la mobilité des personnes et leurs choix en matière d'emplacement résidentiel nécessitent des analyses longitudinales qui tiennent compte de la composition démographique avant et après la décision d'implantation (Mohai et Saha, 2015[101]).

Les travaux existants ont abouti à des conclusions diverses (Mohai, Pellow et Roberts, 2009[14]). Certaines expositions inéquitables aux déchets dangereux peuvent être dues, par exemple, à des intentions discriminatoires dans les décisions d'implantation des installations. (Bullard, 1990[66]), par exemple, a constaté que l'implantation de certaines installations dangereuses aux États-Unis était motivée par une discrimination raciale à l'encontre des communautés afro-américaines. De même, les décisions peuvent refléter des considérations sociopolitiques, avec des entreprises qui font le choix de la « voie de la moindre résistance » lorsque des communautés sont moins bien équipées pour mobiliser des actions d'opposition (Collins, Munoz et Jaja, 2016[102]). Toutefois, des études ont également montré que les entreprises font leurs choix initiaux d'implantation en fonction des coûts économiques conventionnels, y compris l'accès à une main-d'œuvre et à des terrains bon marché (Wolverton, 2009[103]). Néanmoins, même lorsque les décisions ne sont pas intentionnellement discriminatoires, elles peuvent affecter de manière disproportionnée les communautés défavorisées sur le plan socio-économique au fil du temps au travers de la dynamique du marché, en réduisant la valeur des terrains et des biens immobiliers dans les zones environnantes (Mohai, Pellow et Roberts, 2009[14]). Ces dynamiques qui déterminent les choix d'implantation des entreprises et des foyers sont également susceptibles d'interagir (Cain et al., 2023[71]).

Les raisons de la sur-représentation de certaines communautés à proximité de risques suggèrent que ces inégalités doivent être évaluées à plusieurs échelles et dans le temps, avec le concours des communautés concernées ; à défaut, leur généralisation pourra masquer des vulnérabilités particulières et renforcer leur manque de reconnaissance (Walker, 2012[1]).

Aménagements environnementaux

La littérature émergente étend également le débat à l'accès aux aménagements environnementaux (Agyeman et al., 2016[52]), tels que les espaces verts, qui peuvent promouvoir une santé physique et mentale positive (James et al., 2015[104]), et également atténuer les dommages causés par le ruissellement, les températures extrêmes et la pollution atmosphérique (Franchini et Mannucci, 2018[105]). De nombreux travaux suggèrent que l'accès aux aménagements environnementaux est également très inégal (Watkins et Gerrish, 2018[106]). En particulier, un grand nombre d'études mettent en évidence des inégalités d'accès aux espaces verts et bleus dans les zones urbaines. Les données montrent que les facteurs et caractéristiques socio-économiques – notamment le revenu, l'origine raciale et l'éducation – influent sur l'accès aux (Dai, 2011[107]) et la qualité des espaces verts (Fossa et al., 2023[108]) et bleus (Thornhill et al., 2022[109]). Il est également important de souligner que la valeur que les communautés attribuent aux aménagements environnementaux est relative, et que les besoins non satisfaits peuvent également soulever des préoccupations de justice environnementale (Walker, 2012[1]).

Il est de plus en plus reconnu que l'égalité d'accès aux aménagements environnementaux n'est pas à apprécier à la seule mesure de la jouissance et de l'accessibilité d'espaces naturels propres et sûrs, certaines conceptions élargissant la notion à l'environnement bâti, en prenant par exemple en compte l'accès à l'infrastructure de recharge des véhicules électriques (VE). Par exemple, un accès inégal peut apparaître sur les deux dimensions de l'abordabilité et la propriété de VE et de l'accessibilité de l'infrastructure de recharge, qui peut s'auto-entretenir puisque l'adoption inégale de VE peut entraîner des investissements différenciés dans l'infrastructure (Hopkins et al., 2023[110]).

Voies d'exposition et implications pour la justice environnementale

De nombreux contaminants toxiques ont des voies d'exposition relativement bien établies, décrivant un trajet par lequel les contaminants passent de leurs sources jusqu'aux populations réceptrices (Burger et Gochfeld, 2011[111]). Cependant, certaines voies atypiques peuvent être involontairement négligées dans les sciences de l'exposition et l'épidémiologie environnementale, ce qui entrave l'établissement de plans d'action proactifs. Ces voies d'exposition pourraient être liées aux pratiques culturelles et religieuses des communautés autochtones, telles que l'utilisation de certaines médecines et des modes de vie traditionnels centrés sur les activités de plein air et le régime alimentaire *(ibid)*. Par exemple, des études menées au Brésil et au Canada ont révélé que les peuples autochtones dont le régime alimentaire est traditionnellement riche en poisson et en viande de mammifères marins étaient plus exposés à l'empoisonnement au mercure (Chan et Receveur, 2000[112] ; Hacon et al., 2020[113]).

Une autre voie d'exposition souvent négligée est la consommation d'aliments emballés et d'aliments en conserve ainsi que l'utilisation de produits de consommation. Par exemple, les populations à faible revenu peuvent être exposées de manière disproportionnée aux produits chimiques[20] que contiennent les emballages des aliments transformés meilleur marché, ainsi que les conserves à longue durée de conservation utilisées dans le cadre de l'aide alimentaire (Ruiz et al., 2018[114]). Des recherches ont également examiné les voies d'exposition via des produits de consommation tels que les soins personnels, qui affectent de manière disproportionnée les femmes et se recoupent avec d'autres catégories, notamment l'origine ethnique[21] (Zota et Shamasunder, 2017[115] ; Collins et al., 2023[116]). De manière plus générale, une voie d'exposition peut également être conditionnée par l'environnement intérieur différentiel. En effet, les logements, dont les dimensions et la qualité diffèrent, jouent un rôle d'intermédiaire entre les environnements extérieur et intérieur, influençant l'exposition à la pollution de l'air et au plomb. (Adamkiewicz et al., 2011[117])Sachant qu'au niveau mondial, les gens passent environ 85 à 90 % de leur vie dans des espaces intérieurs, cette considération à son importance (Mannan et Al-Ghamdi, 2021[118]).

En outre, l'existence d'une relation entre les professions et d'autres voies d'exposition se fait de plus en plus évidente. Ainsi, les ramasseurs de déchets, travaillant de manière informelle, qui brûlent des plastiques dans des fosses à ciel ouvert en raison de l'absence d'installations de gestion des déchets sont exposés à des dioxines dangereuses pour la santé (Programme des Nations Unies pour l'environnement, 2021[119]). En outre, les voies d'exposition via lesquelles les travailleurs apportent à leur domicile des résidus sur leurs vêtements, leurs chaussures et leur peau peuvent exposer d'autres membres du ménage à des contaminants toxiques (Hyland et Laribi, 2017[120]). Les enfants sont particulièrement exposés en raison de leur susceptibilité physiologique et comportementale, et notamment de leur propension à passer plus de temps sur le sol où se déposent les résidus présents dans les poussières *(ibid)*.

La disponibilité limitée de données et le manque de visibilité peuvent gêner l'identification de ces voies d'exposition. La surveillance peut également être entravée en raison des coûts élevés d'installation et d'entretien des nouveaux dispositifs et du fait d'une collecte de données inadéquate, ce qui pourrait dissimuler l'ampleur réelle de la pollution (United States Environmental Protection Agency, 2023[121]). Dans ce contexte, le terme « épidémiologie populaire » a été inventé pour suggérer que les connaissances de personnes profanes et les expériences vécues d'exposition à la pollution toxique peuvent conduire à l'identification de voies d'exposition jusqu'alors ignorées (Brown, 1997[122]). L'engagement actif auprès des communautés concernées, par exemple par le truchement de la science citoyenne[22], permet d'accéder aux connaissances des experts locaux des communautés et (Brulle et Pellow, 2006[123])de rétablir les liens négligés entre l'environnement et la santé (Johnston et Cushing, 2020[93]). Par exemple, en Équateur, une étude épidémiologique populaire menée en coopération avec les communautés rurales et autochtones a permis d'établir les liens entre la contamination pétrolière dans la région et les effets néfastes sur la santé. Les preuves ainsi obtenues ont été utilisées dans le cadre d'une procédure judiciaire contre l'entreprise responsable de l'extraction pétrolière (San Sebastián et Hurtig, 2005[124]). La science citoyenne peut également compléter la surveillance environnementale traditionnelle.

Justice environnementale et santé

Il est généralement admis que la dégradation de la qualité de l'environnement a une incidence négative sur les résultats en matière de santé. On estime que les facteurs de risque environnementaux modifiables ont provoqué près d'un quart des décès dans le monde en 2012 (OMS, 2016[125]). En particulier, il est de plus en plus avéré que la pollution de l'air a des répercussions sur les maladies non transmissibles, notamment les maladies cardiovasculaires et respiratoires (Prüss-Ustün et al., 2019[126]). Il est important de noter que l'exposition différentielle, le manque d'options viables pour l'adaptation et les voies non reconnues interagissent avec d'autres déterminants socio-économiques de la santé, ce qui, conjointement, peut exacerber les inégalités de santé existantes[23].

Les données existantes corroborent les liens entre la disponibilité et la qualité différentielles de l'environnement et les résultats inéquitables en matière de santé pour un large éventail de variables et de catégories socio-économiques, notamment le revenu, l'ethnie, l'indigénéité, l'âge et le genre. Par exemple, l'exposition aux dangers environnementaux peut avoir des répercussions négatives sur la santé maternelle à court et long termes (fausses couches, risque accru de cancer du sein, notamment) (Boyles et al., 2021[127]). Les femmes désavantagées peuvent donc être confrontées à un « double danger » posé par les stress chroniques et l'exposition aux risques environnementaux (Morello-Frosch et Shenassa, 2006[128]). L'exposition aux risques environnementaux peut également avoir des effets différents selon les groupes d'âge. Par exemple, il est reconnu que les enfants sont plus susceptibles de subir les effets négatifs sur la santé d'une telle exposition, en raison de leurs vulnérabilités biologiques (consommation plus importante de toxines par rapport au poids corporel, voies métaboliques immatures) et des modes d'exposition liés à l'âge (par exemple, contact avec le sol et la terre et port de la main à la bouche) (Landrigan, Rauh et Galvez, 2010[129]).

L'exposition aux nuisances environnementales est rarement le seul déterminant des effets néfastes sur la santé (United States Environmental Protection Agency, 2023[130]). Il n'est pas possible de définir de manière holistique et précise l'impact des risques environnementaux sur la santé dans un examen attentif des autres déterminants de l'impact de l'environnement sur la santé. Les facteurs intrinsèques, les traits biologiques et les conditions de santé préexistantes rendent certains individus plus vulnérables aux risques environnementaux. Par exemple, l'exposition aux dangers environnementaux, notamment la pollution de l'air, peut exacerber les symptômes de l'asthme. Par conséquent, on estime que l'exposition à l'environnement est responsable de 44 % de la charge de morbidité de l'asthme (OMS, 2016[125]).[24]

Il est important de noter que les caractéristiques socio-économiques des individus, des communautés et les résultats de santé interagissent de multiples façons complexes et cumulatives. La recherche démontre que différents types de dommages environnementaux tendent à affecter les mêmes communautés (Banzhaf, Ma et Timmins, 2019[9]) (Graphique 2.2).[25] Par exemple, les mauvaises conditions de vie des populations à faible revenu et l'exposition à la pollution intérieure peuvent entraîner des risques pour les systèmes respiratoires fragiles, car cela les rend plus vulnérables à la pollution de l'air extérieur (Solomon et al., 2016[131]). D'autres variables liées au statut socio-économique des personnes, telles que l'emplacement de leur résidence exposée à des émissions de trafic plus élevées provenant de sources mobiles (comme les véhicules) et l'incapacité de quitter la zone en raison de contraintes financières, exposent de manière disproportionnée les communautés vivant dans cette zone à un niveau de pollution de l'air plus élevé, au détriment de leur santé (Barnes, Chatterton et Longhurst, 2019[132] ; Park et Kwan, 2020[133]).

Le concept d'« exposome », englobant les expositions environnementales au cours de la vie depuis la période prénatale, peut contribuer à dévoiler ces relations, en distinguant entre les caractéristiques de santé individuelles, l'environnement externe spécifique (par exemple, les polluants environnementaux et les contaminants chimiques) et l'environnement externe général (par exemple, les déterminants sociaux de la santé) tout au long de la vie (Wild, 2012[134]). Il est important de prendre en compte les impacts cumulatifs à vie étant donné que les inégalités à la naissance ou *in utero* peuvent avoir des conséquences durables sur le bien-être et accentuer les écarts au niveau des opportunités entre les enfants en fonction des origines familiales (Currie, 2011[135]). Cependant, la nature dynamique de l'exposome et le nombre de défis d'importance rendent les évaluations holistiques longues et nécessitent de nombreuses données, en raison de la nécessité d'utiliser de multiples outils, technologies et des échantillons de grande taille pour démêler les différentes expositions corrélées et leurs interactions (Siroux, Agier et Slama, 2016[136]).

Graphique 2.2. Interactions des variables socio-économiques, de l'environnement et de la santé

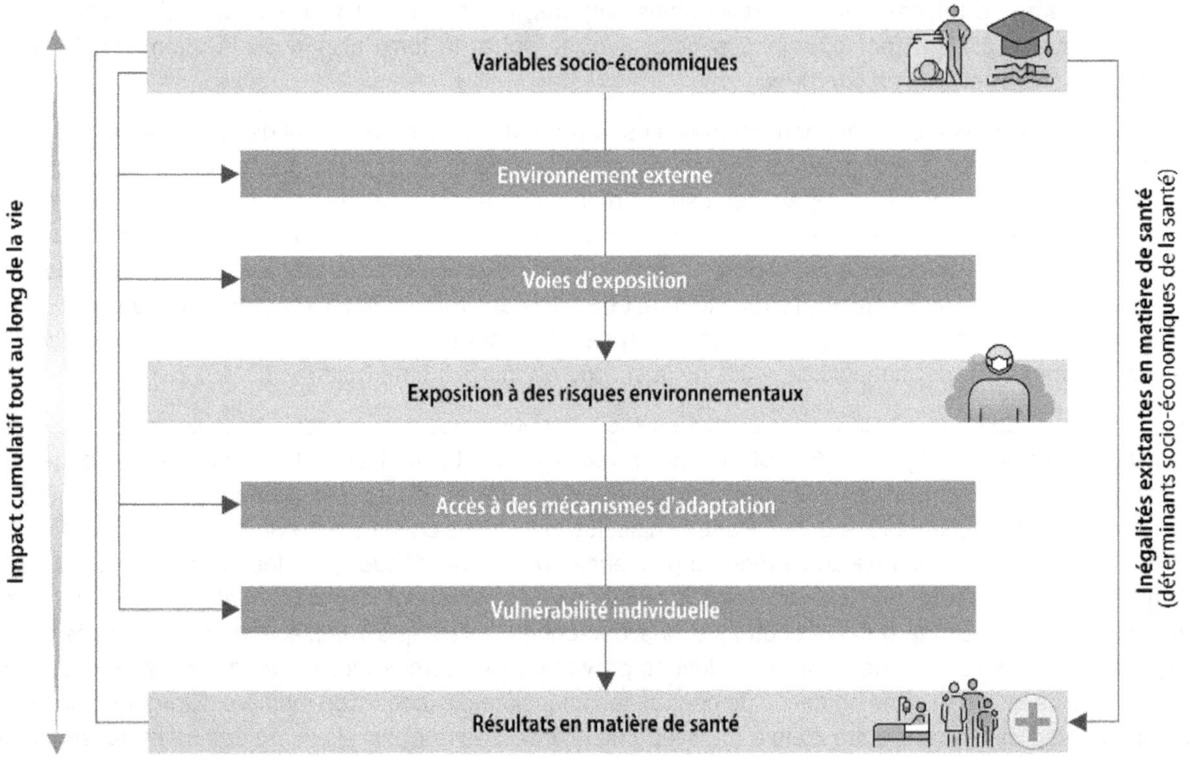

Source : Adapté de (Wakefield et Baxter, 2010[137]) avec modifications apportées par les auteurs en fonction de (Siroux, Agier et Slama, 2016[136]) et (Burger et Gochfeld, 2011[111]).

2.3.2. Inégalités dans la répartition des coûts et des bénéfices de la politique environnementale

Une autre question essentielle est celle des inégalités dans la répartition des coûts et des bénéfices de la politique environnementale. Bien qu'il puisse sembler évident que les progrès sur le plan environnemental profitent à la société dans son ensemble, des travaux empiriques soulignent l'importance cruciale de la prise en compte des coûts des politiques. De même, l'amélioration de la qualité globale de l'environnement ne garantit pas nécessairement que tous les segments de la population en profitent (Mitchell, 2019[18]) ou que les écarts relatifs en matière de qualité de l'environnement se réduisent ; en effet, une étude récente indique que si la qualité de l'air s'est globalement améliorée aux États-Unis, l'écart entre les régions les plus et les moins polluées reste relativement stable (Colmer et al., 2020[138]). La répartition inéquitable des coûts et des bénéfices des politiques peut être davantage exacerbée par des contrôles et mises en application des règles insuffisants, ce qui peut provoquer des disparités en terme de respects de la régulation environnementale.

Dans certains cas, les bénéfices des politiques environnementales peuvent se faire au détriment du bien-être de certaines communautés. Les mesures qui encouragent l'adoption de véhicules électriques en vue de décarboner les transports peuvent avoir des effets bénéfiques sur l'environnement pour la population urbaine, mais elles risquent de réduire la qualité de l'air pour la population vivant à proximité des centrales électriques dans les zones rurales (Holland et al., 2019[139]). Il est crucial d'empêcher les groupes défavorisés de supporter une part disproportionnée du fardeau des politiques. Cela est important non seulement pour garantir l'inclusivité et l'équité, mais aussi pour préserver l'adhésion du public aux politiques environnementales et climatiques de manière générale (Mackie et Haščič, 2019[140]).

Des données empiriques existantes semblent indiquer que la politique environnementale aura des impacts hétérogènes à différents niveaux d'agrégation (OCDE, 2021[141]). La prise en compte de la répartition des coûts et bénéfices de la politique environnementale gagne en importance, car les pays s'engagent dans de profondes transformations sociales et économiques pour relever les défis environnementaux. La littérature existant montre que les résultats inéquitables de la politique environnementale peuvent être liés : (i) aux effets spatiaux, (ii) à l'impact sur les marchés du travail et (iii) à l'impact sur le revenu des ménages. Bien que la littérature à cet égard s'étoffe de plus en plus, notamment des études qui consignent les effets dynamiques de la transformation économique au moyen d'une analyse de modélisation (par exemple, (Borgonovi et al., 2023[142])), il s'agit d'un domaine important qui justifie des recherches supplémentaires afin d'améliorer la conception de la politique environnementale.

Effets spatiaux

Les mesures visant à répondre aux préoccupations en matière de justice environnementale, telles que les règlements circonscrits géographiquement, l'assainissement des quartiers ou des zones les plus pollués et l'amélioration de l'accès aux aménagements (par exemple, la multiplication des friches industrielles et leur réhabilitation), peuvent améliorer la qualité de l'environnement pour les communautés confrontées à une exposition disproportionnée aux risques environnementaux (Currie, Voorheis et Walker, 2023[143]). Toutefois, elles peuvent également avoir indirectement des conséquences négatives sur la répartition si elles ne sont pas conçues de manière réfléchie. Par exemple, l'amélioration de la qualité de l'environnement peut entraîner une augmentation de la valeur marchande des maisons dans les zones touchées. Les progrès sur le plan environnemental peuvent par la suite attirer des ménages à revenu élevé tout en évinçant certains groupes socio-économiques, notamment les ménages à faible revenu et les minorités racialisées (Melstrom et al., 2022[144]) ; cette conséquence involontaire a été observée dans de nombreux quartiers à travers le monde (Wolch, Byrne et Newell, 2014[145]). Cette situation peut survenir via les mécanismes de la demande et de l'offre. D'un côté, la demande de logements de la part des personnes désireuses et capables de payer davantage pour bénéficier d'une meilleure qualité environnementale entraîne une augmentation des prix des logements et des loyers. D'un autre côté, l'offre de logements inélastique exacerbe la dynamique de l'exclusion (Farrow et al., 2022[146]).[26]

Toutefois, ces effets spatiaux présentent des nuances importantes. La littérature publiée fait généralement la distinction entre l'impact sur les propriétaires et les locataires, et des recherches aboutissent à des conclusions divergentes. Il a été démontré que les bénéfices environnementaux profitent aux propriétaires dans les zones assainies, tout en entraînant une augmentation des loyers, ce qui peut inciter les personnes les en moins en capacité de s'acquitter de ces loyers revus à la hausse à déménager vers des quartiers moins chers (Sieg et al., 2004[147]). D'autres études montrent que les améliorations de la qualité de l'environnement n'influent pas tant que cela sur l'augmentation des loyers (Grainger, 2012[148]), ce qui signifie que les politiques environnementales ont un effet davantage progressif et réparti.[27] Même si cet aspect est moins connu, les mesures visant à préserver les aménagements environnementaux peuvent également avoir des conséquences inattendues dans les zones avoisinantes. Par exemple, le fait d'accorder une attention excessive à la préservation d'importants espaces verts dans les zones urbaines peut déclencher un développement sporadique dans les zones périurbaines, ce qui entraîne des dommages environnementaux accrus. (Farrow et al., 2022[146]).

Le risque que les politiques environnementales entraînent des inégalités dans la répartition spatiale des bénéfices environnementaux (par exemple, la réduction de la pollution) mérite également d'être pris en compte. Étant donné que les instruments tels que les systèmes d'échange de quotas d'émission incitent les entreprises dont les coûts d'abattement sont faibles à réduire davantage leurs émissions, les communautés situées à proximité ou en aval de ces entreprises pourraient en tirer des bénéfices disproportionnés (Cain et al., 2023[71]). Si la plupart des études empiriques existantes sur l'impact des politiques fondées sur le marché semblent montrer que cela n'a pas été le cas jusqu'à présent (Fowlie, Holland et Mansur, 2011[149] ; Shapiro et Walker, 2021[10]), des ambiguïtés subsistent quant à la répartition spatiale des coûts d'abattement et des communautés. Par exemple, certaines recherches qui prennent en compte la dispersion non uniforme de la pollution mettent en évidence des bénéfices disproportionnés pour les zones à hauts revenus (Grainger et Ruangmas, 2018[150]). Il est important de noter que les risques d'une répartition inégale des bénéfices doivent également être pris en compte en fonction de l'ampleur globale des progrès sur le plan environnemental pour les différents types d'instruments d'action (Vona, 2021[151]).

Incidences sur le marché du travail

Les implications de la politique environnementale sur le marché du travail peuvent constituer un autre facteur d'inégalité dans la répartition des coûts. La littérature existante explique que la politique environnementale induit la substitution du travail par les technologies (génératrices d'économies de main-d'œuvre), en particulier sur le long terme *(ibid)*. L'adoption de technologies plus propres et à forte intensité de capital en réponse à une politique environnementale stricte peut entraîner une réduction de la demande de main-d'œuvre et une baisse des salaires, ce qui impacte de manière disproportionnée les travailleurs peu qualifiés et peu rémunérés (Marin et Vona, 2019[152] ; Bento, 2013[153]). Si des données empiriques suggèrent que l'ampleur de cet impact est relativement modeste, il peut aggraver les inégalités de répartition des richesses et engendrer des vulnérabilités supplémentaires, étant donné que les salaires constituent la principale source de revenus pour les plus pauvres et les plus défavorisés.

Comme l'illustre le concept de transition juste (Organisation internationale du Travail, 2016[59]), les implications perturbatrices de la transition climatique sur les perspectives d'emploi, qui renforcent le sentiment d'injustice parmi les communautés affectées, suscitent de vives inquiétudes. Bien que la transition vers une économie plus durable soit une tendance macroéconomique mondiale, elle aura intrinsèquement un impact local, qui pourrait être particulièrement ressenti dans les secteurs à forte intensité d'émissions ainsi que dans les régions où ces secteurs sont fortement concentrées (OCDE, 2023[154]). On cite souvent l'exemple des pertes d'emplois concentrées dans le secteur du charbon, mais celles-ci ont des implications économiques plus larges pour les communautés d'accueil et l'économie locale en raison de la réduction de la consommation et de l'affaiblissement de la base fiscale locale (Carley et Konisky, 2020[155]).

Il est important de noter que la politique environnementale interagit avec des tendances sociales et macroéconomiques plus larges telles que la transformation technologique. L'évolution des compétences[28] demandées sur le marché du travail au cours de la transition écologique et numérique (la « transition »), ainsi que les inégalités existantes en matière de niveau d'instruction et d'accès aux possibilités de développement des compétences et de reconversion peuvent donner lieu à de nouvelles formes de vulnérabilités (OCDE, 2024[156]). Ces impacts soulignent en outre la nécessité de mettre en place des mesures de reconversion et de renforcement des compétences afin de garantir que la transition vers une économie neutre en carbone n'aggrave pas les vulnérabilités existantes et n'en crée pas de nouvelles (Borgonovi et al., 2023[142]).

Impact sur le revenu des ménages

De nombreuses études explorent la possible régressivité des politiques environnementales, soulignant le risque que les ménages à faible revenu supportent un coût disproportionné de la politique environnementale. Ainsi, l'augmentation des prix de l'énergie résultant de la politique environnementale peut affecter davantage les ménages à faible revenu, qui consacrent une part disproportionnée de leurs ressources en dépenses énergétiques (Bento, 2013[153]).[29] L'impact de cette régressivité est encore amplifié par la tendance générale, tous pays confondus, des personnes à faible revenu à vivre dans des logements aux performances énergétiques médiocres et à posséder des appareils électroménagers inefficaces (par exemple, (Schleich, 2019[157])). Si la régressivité des politiques varie selon le type de combustible et le pays, les données existantes soulignent l'importance du choix des instruments et de leur conception.

En règle générale, les instruments d'action fondés sur le marché sont perçus comme étant plus régressifs que les réglementations et les normes en raison de la visibilité de leur charge (Mackie et Haščič, 2019[140]). Toutefois, il ressort de la littérature existante que l'inverse peut être vrai, notamment parce que les réglementations et les normes ne génèrent pas de revenus pouvant être redistribués pour alléger la charge pesant sur les ménages à faible revenu. La charge résultant des instruments fondés sur le marché (par exemple, taxe sur l'énergie) peut également varier *au sein des* groupes de revenus, ce qui complique le séquençage de l'action publique et conception des mesures d'atténuation (Pizer et Sexton, 2019[158]). Par exemple, les groupes à faible revenu des zones rurales qui n'ont pas suffisamment accès aux transports publics peuvent supporter des charges plus importantes que ceux des zones urbaines en ce qui concerne les taxes sur les carburants routiers. Si les implications des réglementations en termes de répartition demeurent relativement peu explorées dans les travaux publiés, les études portant sur les normes en matière de carburants (Davis et Knittel, 2019[159]) et les codes énergétiques pour les bâtiments (Bruegge, Deryugina et Myers, 2019[160]) ont mis en évidence des effets régressifs.

De plus en plus de travaux empiriques semblent indiquer qu'il existe des modèles de répartition inégale des avantages des politiques environnementales. Les subventions qui réduisent uniformément le coût des investissements dans les solutions bas carbone peuvent bénéficier de manière disproportionnée aux ménages à haut revenu. Les investissements domestiques tels que l'amélioration de l'isolation et les panneaux solaires sont généralement réalisés par les propriétaires et les ménages à haut revenu, qui sont confrontés à des contraintes de crédit moindres (Ameli et Brandt, 2014[161]). De même, les subventions aux véhicules électriques peuvent également avoir des effets distributifs importants, car les ménages à haut revenu sont davantage susceptibles de pouvoir s'en doter (Borenstein et Davis, 2016[162]). Une meilleure compréhension de l'impact net de l'incidence des coûts et des bénéfices, et de sa répartition entre les différents segments de la population, est essentielle pour améliorer la conception de la politique environnementale (Bento, 2013[153]).

2.3.3. Obstacles à l'accès à l'information, à la participation au processus décisionnel et aux recours juridiques

Comme en attestent les données afférentes aux inégalités dans l'exposition aux dommages environnementaux, les processus (accès à la participation, à l'information et aux recours juridiques, ou absence d'accès) sont essentiels pour comprendre comment les résultats distributifs inéquitables sont produits. Ces droits procéduraux peuvent être considérés comme constituant des « droits d'accès » qui se renforcent mutuellement et sous-tendent la justice environnementale procédurale (Gellers et Jeffords, 2018[163]).

Obstacles à l'accès à l'information

Alors que de nombreux pays s'engagent à rendre plus accessible l'information sur l'état de l'environnement, certains obstacles à l'accès semblent persister. Il est important de noter que la disponibilité de l'information en matière d'environnement ne se traduit pas nécessairement par une utilisation efficace de cette information. Par exemple, le langage technique souvent utilisé dans les informations sur l'état de l'environnement peut limiter la portée de l'utilisation que les communautés peuvent faire des informations destinées à améliorer leur résilience (Mabon, 2020[164]). Comme le reconnaît l'Accord d'Escazú, les communautés marginalisées peuvent être confrontées à des difficultés en matière d'alphabétisation et d'isolement linguistique, ou ne pas savoir comment formuler des demandes d'information (Barritt, 2020[49]).

Des études montrent que l'utilisation efficace de l'information en matière d'environnement dépend de facteurs socio-économiques, notamment du niveau d'instruction (Shapiro, 2005[165]). Le fait de simplement mettre à disposition davantage d'informations sans tenir compte des obstacles à leur exploitation peut, involontairement, amplifier les conséquences négatives pour les communautés vulnérables. Par exemple, les obligations de communication d'informations sur les sources de pollution visant à donner plus de pouvoir aux communautés vulnérables peuvent avoir pour effet involontaire d'inciter les établissements à se délocaliser dans des zones à faibles revenus (Wang et al., 2021[166]). Dans ce contexte, la Recommandation de l'OCDE sur l'information environnementale et les rapports sur l'environnement note la nécessité de « soutenir les actions éducatives visant à permettre au public d'exploiter les informations environnementales disponibles » (OCDE, 2022[167]).

La nature des informations, leur ampleur, leur portée et leur pertinence pour la communauté concernée constituent également des éléments clés pour déterminer leur éventuelle utilisation. Historiquement, les informations environnementales mises à disposition du public étaient souvent spécifiques à certaines questions, avec les pays publiant généralement des données sur la pollution de l'environnement et les rejets de produits chimiques documentés dans un inventaire (Haklay, 2003[168]). Si la communication des données est essentielle pour permettre et faciliter la recherche académique, les communautés vulnérables peuvent avoir besoin d'informations plus élaborées et interprétées ; par exemple, les personnes souffrant d'asthme s'intéressent avant tout à la probabilité d'une crise, plutôt qu'au niveau de pollution de l'air au sol *(ibid)*.

Obstacles à la participation au processus décisionnel

Il est essentiel de lever les obstacles à la participation au processus décisionnel en matière d'environnement afin d'alléger les charges environnementales inéquitables qui pèsent sur les communautés vulnérables (Freudenberg, Pastor et Israel, 2011[169]). Même lorsque le droit de participer est légalement protégé, les modalités et les formes que prend la participation demeurent intrinsèquement flexibles dans la pratique (Barritt, 2020[49]). Les modalités des processus participatifs peuvent également constituer des obstacles à une participation efficace. Les consultations politiques formelles, bien que louables dans leur intention, ne se prêtent pas toujours à l'examen de l'ensemble des points de vue (OCDE, 2023[170]). Ces processus semblent susciter une certaine désillusion, puisque plus de 40 % des habitants des pays de l'OCDE déclarent qu'il est peu probable que les pouvoirs publics adoptent les résultats des consultations publiques *(ibid)*.

Même si les possibilités de participation sont disponibles et officiellement ouvertes à tous, certaines communautés, notamment celles qui disposent de moins de ressources (langue, temps, connexion Internet, etc.), peuvent toujours en être exclues (Karner et al., 2018[171]). Sans une reconnaissance adéquate des obstacles et des préjugés existants, l'augmentation des possibilités de participation risque de renforcer les inégalités existantes *(ibid)*. Il existe un risque de biais d'autosélection, les appels à participation ouverts attirant généralement des participants plus âgés, de sexe masculin, ayant un bon niveau d'éducation, aisés et urbains (OCDE, s.d.[172]). Les exemples passés de coopération avec les communautés suggèrent que des processus participatifs mal conçus peuvent même frustrer les communautés et les décourager de poursuivre leur participation (Ruano-Chamorro, Gurney et Cinner, 2022[173]).

Si l'absence de participation efficace à la prise de décision en matière environnementale est problématique en soi, elle peut également freiner la transition vers une économie plus durable. Par exemple, si le public est généralement favorable aux énergies renouvelables, cela ne s'est pas toujours traduit par un soutien au développement d'infrastructures d'énergies renouvelables au sein des communautés (Wolsink, 2007[174]), des tendances au mécontentement du public à l'égard des processus de prise de décision ayant été observées dans le monde entier (van de Grift et Cuppen, 2022[175]). Bien qu'il n'existe aucun élément probant permettant d'expliquer la contradiction apparente entre un large soutien du public et une forte opposition locale (Carley et al., 2020[176]), l'absence de participation adéquate au processus décisionnel est souvent mise en avant comme l'un des principaux moteurs de l'opposition (Suškevičs et al., 2019[177]).[30] L'application mécanique de la participation en tant que processus bureaucratique et exercice de validation des décisions déjà prises peut ne pas constituer une justification adéquate du droit à la participation (Armeni, 2016[178] ; Wesselink et al., 2011[179]). La conception de mécanismes participatifs visant à s'assurer que les communautés peuvent influer de manière significative sur les résultats peut susciter un soutien plus important, ce qui peut à son tour favoriser la transition (Walker et Baxter, 2017[180]).

Obstacles à l'accès au recours en justice

Le recours en justice a également été reconnu comme un facteur important pour la résolution des conflits et la protection des droits des communautés marginalisées (Scheidel et al., 2020[181]). Bien que les obstacles à l'accès à la justice en matière d'environnement soient relativement peu connus, ce pilier procédural est souvent considéré comme étant historiquement à la traîne dans les différents pays (Mauerhofer, 2016[182]). La littérature étendue sur l'accès à la justice indique également que la disponibilité et la qualité des recours en justice sont influencées par des variables sociales et économiques (OCDE et Open Society Foundations, 2016[183]). En particulier, les coûts liés à l'obtention d'une représentation juridique peuvent également être prohibitifs et s'ajouter aux coûts d'opportunité (par exemple, le temps de travail perdu et les responsabilités familiales). Dans la plupart des pays, les personnes vivant dans la pauvreté sont confrontées à des obstacles plus importants en matière d'accès à la justice, bien qu'elles soient davantage susceptibles d'avoir besoin d'une assistance juridique (World Justice Project, 2023[184]) ; un problème souvent aggravé par le manque de personnel et de ressources pour l'assistance juridique publique (McDonald, 2021[185]). En outre, les études existantes suggèrent que de nombreuses personnes ne considèrent pas que les problèmes auxquels elles sont confrontées sont de nature juridique, ou ne recherchent pas activement et n'identifient pas les recours juridiques disponibles (OCDE, 2019[186]), ce qui peut refléter des connaissances juridiques limitées ainsi qu'un manque de confiance plus général envers les tribunaux et le système juridique (OCDE, 2022[187]).

Références

Adamkiewicz, G. et al. (2011), « Moving environmental justice indoors: Understanding structural influences on residential exposure patterns in low-income communities », *American Journal of Public Health*, vol. 101/SUPPL. 1, https://doi.org/10.2105/AJPH.2011.300119. [117]

Agence européenne pour l'environnement (2018), *Unequal exposure and unequal impacts: social vulnerability to air pollution, noise and extreme temperatures in Europe*, https://www.eea.europa.eu/publications/unequal-exposure-and-unequal-impacts/ (consulté le 23 April 2024). [22]

Agyeman, J., R. Bullard et B. Evans (2002), « Exploring the Nexus: Bringing together sustainability, environmental justice and equity », *Space and Polity*, vol. 6/1, https://doi.org/10.1080/13562570220137907. [54]

Agyeman, J. et al. (2016), *Trends and Directions in Environmental Justice: From Inequity to Everyday Life, Community, and Just Sustainabilities*, https://doi.org/10.1146/annurev-environ-110615-090052. [52]

Akese, G. et P. Little (2018), « Electronic Waste and the Environmental Justice Challenge in Agbogbloshie », *Environmental Justice*, vol. 11/2, https://doi.org/10.1089/env.2017.0039. [40]

Aldinger, P. (2013), « Addressing environmental justice concerns in developing countries: Mining in Nigeria, Uganda and Ghana », *Geo. Int'l Envtl. L. Rev.*, vol. 26. [37]

Allaire, M. et S. Acquah (2022), « Disparities in drinking water compliance: Implications for incorporating equity into regulatory practices », *AWWA Water Science*, vol. 4/2, https://doi.org/10.1002/aws2.1274. [99]

Ameli, N. et N. Brandt (2014), « Les déterminants de l'investissement des ménages dans l'efficacité énergétique et les énergies renouvelables : Résultat de l'enquête de l'OCDE sur les comportements et attitudes des ménages face aux questions d'environnement », *Documents de travail du Département des Affaires économiques de l'OCDE*, n° 1165, Éditions OCDE, Paris, https://doi.org/10.1787/5jxwtlchggzn-en. [161]

Andrade-Goffe, D., C. Excell et A. Sanhueza (2023), *The Escazú Agreement: Seeking Rights to Information, Participation, and Justice for the Most Vulnerable in Latin America and the Caribbean*, https://www.wri.org/research/escazu-agreement-seeking-rights-information-participation-and-justice-most-vulnerable#:~:text=The%20Escaz%C3%BA%20Agreement%20is%20the,and%20environmental%20human%20rights%20defenders. [51]

Armeni, C. (2016), « Participation in environmental decision-making: Reflecting on planning and community benefits for major wind farms », *Journal of Environmental Law*, vol. 28/3, https://doi.org/10.1093/jel/eqw021. [178]

Australian Institute of Aboriginal and Torres Strait Isander Studies (sans date), *Welcome to Country*, https://aiatsis.gov.au/explore/welcome-country (consulté le 23 April 2024). [194]

Banza, C. et al. (2009), « High human exposure to cobalt and other metals in Katanga, a mining area of the Democratic Republic of Congo », *Environmental Research*, vol. 109/6, https://doi.org/10.1016/j.envres.2009.04.012. [38]

Banzhaf, H., L. Ma et C. Timmins (2019), *Environmental Justice: Establishing Causal Relationships*, https://doi.org/10.1146/annurev-resource-100518-094131. [9]

Banzhaf, S., L. Ma et C. Timmins (2019), « Environmental justice: The economics of race, place, and pollution », *Journal of Economic Perspectives*, vol. 33/1, https://doi.org/10.1257/jep.33.1.185. [70]

Barnes, J., T. Chatterton et J. Longhurst (2019), « Emissions vs exposure: Increasing injustice from road traffic-related air pollution in the United Kingdom », *Transportation Research Part D: Transport and Environment*, vol. 73, https://doi.org/10.1016/j.trd.2019.05.012. [132]

Barritt, E. (2020), « Global values, transnational expression: from Aarhus to Escazú », dans *Research Handbook on Transnational Environmental Law*, https://doi.org/10.4337/9781788119634.00022. [49]

Been, V. (1994), « Locally Undesirable Land Uses in Minority Neighborhoods: Disproportionate Siting or Market Dynamics? », *Yale Law Journal*, vol. 103/6, pp. 1383-1422, https://www.jstor.org/stable/797089. [65]

Bell, D. et J. Carrick (2017), « Procedural environmental justice », dans *The Routledge Handbook of Environmental Justice*. [19]

Bell, K. (2014), *Achieving environmental justice: A cross-national analysis*. [33]

Bento, A. (2013), *Equity impacts of environmental policy*, https://doi.org/10.1146/annurev-resource-091912-151925. [153]

Bento, A., M. Freedman et C. Lang (2015), « Who benefits from environmental regulation? Evidence from the clean air act amendments », *Review of Economics and Statistics*, vol. 97/3, https://doi.org/10.1162/REST_a_00493. [193]

Borenstein, S. et L. Davis (2016), « The distributional effects of US clean energy tax credits », *Tax Policy and the Economy*, vol. 30/1, https://doi.org/10.1086/685597. [162]

Borgonovi, F. et al. (2023), « The effects of the EU Fit for 55 package on labour markets and the demand for skills », *Documents de travail de l'OCDE sur les questions sociales, l'emploi et les migrations*. [142]

Boyd, D. (2023), *Statement at the conclusion of country visit to Chile*, https://www.ohchr.org/sites/default/files/documents/issues/environment/srenvironment/eom-statement-Chile-12-May-2023-EN.pdf. [96]

Boyles, A. et al. (2021), « Environmental Factors Involved in Maternal Morbidity and Mortality », *Journal of Women's Health*, vol. 30/2, https://doi.org/10.1089/jwh.2020.8855. [127]

Brown, P. (1997), « Popular Epidemiology Revisited », *Current Sociology*, vol. 45/3, https://doi.org/10.1177/001139297045003008. [122]

Bruckner, B. et al. (2022), « Impacts of poverty alleviation on national and global carbon emissions », *Nature Sustainability*, vol. 5/4, https://doi.org/10.1038/s41893-021-00842-z. [53]

Bruegge, C., T. Deryugina et E. Myers (2019), « The distributional effects of building energy codes », *Journal of the Association of Environmental and Resource Economists*, vol. 6/S1, https://doi.org/10.1086/701189. [160]

Brulle, R. et D. Pellow (2006), *Environmental justice: Human health and environmental inequalities*, https://doi.org/10.1146/annurev.publhealth.27.021405.102124. [123]

Bullard, R. (1990), *Dumping in Dixie: Race, class, and environmental quality*, Boulder, Colo: Westview Press. [66]

Bullard, R. (1983), « Solid Waste Sites and the Black Houston Community », *Sociological Inquiry*, vol. 53/2-3, https://doi.org/10.1111/j.1475-682X.1983.tb00037.x. [8]

Bullard, R. et B. Wright (2018), « Race, place, and the environment in post-Katrina New Orleans », dans *Race, Place, and Environmental Justice after Hurricane Katrina : Struggles to Reclaim, Rebuild, and Revitalize New Orleans and the Gulf Coast*, https://doi.org/10.4324/9780429497858. [90]

Burger, J. et M. Gochfeld (2011), « Conceptual environmental justice model for evaluating chemical pathways of exposure in low-income, minority, Native American, and other unique exposure populations », *American Journal of Public Health*, vol. 101/SUPPL. 1, https://doi.org/10.2105/AJPH.2010.300077. [111]

Cain, L. et al. (2023), « Recent Findings and Methodologies in Economics Research in Environmental Justice », *SSRN Electronic Journal*, https://doi.org/10.2139/ssrn.4368212. [71]

Carley, S. et D. Konisky (2020), *The justice and equity implications of the clean energy transition*, https://doi.org/10.1038/s41560-020-0641-6. [155]

Carley, S. et al. (2020), *Energy infrastructure, NIMBYism, and public opinion: A systematic literature review of three decades of empirical survey literature*, https://doi.org/10.1088/1748-9326/ab875d. [176]

Carruthers, D. (2008), *Environmental justice in Latin America: Problems, promise, and practice*, Mit Press, Cambridge, Massachusetts. [25]

Casey, J. et al. (2024), « Measuring long-term exposure to wildfire PM2.5 in California: Time-varying inequities in environmental burden », *PNAS*, vol. 121/8, https://doi.org/10.1073/pnas.2306729121. [91]

CCNUCC (2015), *Accord de Paris*, https://unfccc.int/files/meetings/paris_nov_2015/application/pdf/paris_agreement_french_.pdf. [204]

CEE-ONU (1998), *Convention sur l'accès à l'information, la participation du public au processus décisionnel et l'accès à la justice en matière d'environnement*, United Nations, Treaty Series , vol. 2161, https://treaties.un.org/doc/Treaties/1998/06/19980625%2008-35%20AM/Ch_XXVII_13p.pdf. [46]

Chan, H. et O. Receveur (2000), *Mercury in the traditional diet of indigenous peoples in Canada*, https://doi.org/10.1016/S0269-7491(00)00061-0. [112]

Charles, A. et H. Thomas (2007), « Deafness and disability - Forgotten components of environmental justice: Illustrated by the case of Local Agenda 21 in South Wales », *Local Environment*, vol. 12/3, https://doi.org/10.1080/13549830601183677. [192]

Cock, J. (2006), « Connecting the Red, Brown and Green: The Environmental Justice Movement in South Africa », *Voices of Protest: Social Movements in Post-Apartheid South Africa*. [41]

Collins, H. et al. (2023), « Differences in personal care product use by race/ethnicity among women in California: implications for chemical exposures », *Journal of Exposure Science and Environmental Epidemiology*, vol. 33/2, https://doi.org/10.1038/s41370-021-00404-7. [116]

Collins, M., I. Munoz et J. Jaja (2016), « Linking 'toxic outliers' to environmental justice communities », *Environmental Research Letters*, vol. 11/1, https://doi.org/10.1088/1748-9326/11/1/015004. [102]

Collins, T. et S. Grineski (2018), « Environmental justice and flood hazards », dans *The Routledge Handbook of Environmental Justice*, https://doi.org/10.4324/9781315678986-28. [89]

Colmer, J. et al. (2020), « Disparities in PM2.5 air pollution in the United States », *Science*, vol. 369/6503, https://doi.org/10.1126/science.aaz9353. [138]

Commission économique pour l'Amérique latine et les Caraïbes (2022), *Background*, https://acuerdodeescazu.cepal.org/cop1/en/background (consulté le 23 April 2024). [28]

Commission économique pour l'Amérique latine et les Caraïbes (2018), *Accord régional sur l'accès à l'information, la participation publique et l'accès à la justice à propos des questions environnementales en Amérique latine et dans les Caraïbes*, https://repositorio.cepal.org/items/86cae662-f81c-4b45-a04a-058e8d26143c (consulté le 23 April 2024). [48]

Commission européenne (2021), *Guidance note on the collection and the use of equality data based on racial or ethnic origin*, https://doi.org/10.2838/06180. [199]

Commission européenne (s.d.), *Single Entry Point*, https://trade.ec.europa.eu/access-to-markets/en/content/single-entry-point-0 (consulté le 23 April 2024). [81]

Commission européenne (s.d.), *The Aarhus Convention and the EU*, https://environment.ec.europa.eu/law-and-governance/aarhus_en (consulté le 23 April 2024). [47]

Currie, J. (2011), *Inequality at birth: Some causes and consequences*, https://doi.org/10.1257/aer.101.3.1. [135]

Currie, J., J. Voorheis et R. Walker (2023), « What Caused Racial Disparities in Particulate Exposure to Fall? New Evidence from the Clean Air Act and Satellite-Based Measures of Air Quality », *American Economic Review*, vol. 113/1, https://doi.org/10.1257/aer.20191957. [143]

Dai, D. (2011), « Racial/ethnic and socioeconomic disparities in urban green space accessibility: Where to intervene? », *Landscape and Urban Planning*, vol. 102/4, https://doi.org/10.1016/j.landurbplan.2011.05.002. [107]

Davis, L. et C. Knittel (2019), « Are fuel economy standards regressive? », *Journal of the Association of Environmental and Resource Economists*, vol. 6/S1, https://doi.org/10.1086/701187. [159]

Debbané, A. et R. Keil (2004), « Multiple disconnections: Environmental justice and urban water in Canada and South Africa », *Space and Polity*, vol. 8/2, https://doi.org/10.1080/1356257042000273968. [2]

Deb, N. (2023), *Unyielding humanity from catastrophic ruins:new political society for social and environmental justice after Bhopal*. [86]

Dillman, K. et J. Heinonen (2022), « A 'just' hydrogen economy: A normative energy justice assessment of the hydrogen economy », *Renewable and Sustainable Energy Reviews*, vol. 167, https://doi.org/10.1016/j.rser.2022.112648. [78]

Doremus, J., I. Jacqz et S. Johnston (2022), « Sweating the energy bill: Extreme weather, poor households, and the energy spending gap », *Journal of Environmental Economics and Management*, vol. 112, https://doi.org/10.1016/j.jeem.2022.102609. [97]

Eckerman, I. et T. Børsen (2021), « Corporate and governmental responsibilities for preventing chemical disasters: Lessons from Bhopal », dans *Ethics Of Chemistry : From Poison Gas To Climate Engineering*, https://doi.org/10.1142/9789811233548_0005. [85]

Ezell, J. et al. (2021), *The blueprint of disaster: COVID-19, the Flint water crisis, and unequal ecological impacts*, https://doi.org/10.1016/S2542-5196(21)00076-0. [95]

Fairburn, J., W. Maier et M. Braubach (2016), *Incorporating environmental justice into second generation indices of multiple deprivation: Lessons from the UK and progress internationally*, https://doi.org/10.3390/ijerph13080750. [21]

Fan, M. et K. Chou (2017), « Environmental justice in a transitional and transboundary context in east Asia », dans *The Routledge Handbook of Environmental Justice*, https://doi.org/10.4324/9781315678986-49. [30]

Farrow, K. et al. (2022), « Provision of urban environmental amenities : A policy toolkit for inclusiveness », *Documents de travail de l'OCDE sur l'environnement*, n° 204, Éditions OCDE, Paris, https://doi.org/10.1787/0866d566-en. [146]

Finewood, M. et al. (2023), « The Bronx River and Environmental Justice Through the Lens of a Watershed », *Case Studies in the Environment*, vol. 7/1, https://doi.org/10.1525/cse.2023.1824941. [73]

Foerster, A. (2019), « Climate Justice and Corporations », *King's Law Journal*, vol. 30/2, https://doi.org/10.1080/09615768.2019.1645447. [83]

Fossa, A. et al. (2023), « Sociodemographic correlates of greenness within public parks in three U.S. cities », *Wellbeing, Space and Society*, vol. 5, https://doi.org/10.1016/j.wss.2023.100157. [108]

Fowlie, M., S. Holland et E. Mansur (2011), « What Do Emissions Markets Deliver and to Whom? Evidence from Southern California's NOx Trading Program », *SSRN Electronic Journal*, https://doi.org/10.2139/ssrn.1416787. [149]

Franchini, M. et P. Mannucci (2018), *Mitigation of air pollution by greenness: A narrative review*, https://doi.org/10.1016/j.ejim.2018.06.021. [105]

Fraser, N. (2000), *Rethinking recognition*. [45]

Freudenberg, N., M. Pastor et B. Israel (2011), « Strengthening community capacity to participate in making decisions to reduce disproportionate environmental exposures », *American Journal of Public Health*, vol. 101/SUPPL. 1, https://doi.org/10.2105/AJPH.2011.300265. [169]

Gallagher, K. (dir. pub.) (2008), *The global waste trade and environmental justice struggles*, Edward Elgar Publishing, Inc. [76]

Garsous, G. et S. Worack (2021), « Trade as a channel for environmental technologies diffusion: The case of the wind turbine manufacturing industry », *Oecd*. [80]

Gellers, J. et C. Jeffords (2018), « Toward environmental democracy? Procedural environmental rights and environmental justice », *Global Environmental Politics*, vol. 18/1, https://doi.org/10.1162/GLEP_a_00445. [163]

Gibbons, E. (2014), « Climate change, children's rights, and the pursuit of intergenerational climate justice », *Health and Human Rights*, vol. 16/1. [57]

Global Environmental Justice Atlas (2024), *EJAtlas - Global Atlas of Environmental Justice*, https://ejatlas.org/ (consulté le 23 April 2024). [42]

Global Witness (2022), *Decade of defiance*, https://www.globalwitness.org/en/campaigns/environmental-activists/decade-defiance/#a-global-analysis-2021 (consulté le 23 April 2024). [203]

Grainger, C. (2012), « The distributional effects of pollution regulations: Do renters fully pay for cleaner air? », *Journal of Public Economics*, vol. 96/9-10, https://doi.org/10.1016/j.jpubeco.2012.06.006. [148]

Grainger, C. et T. Ruangmas (2018), « Who Wins from Emissions Trading? Evidence from California », *Environmental and Resource Economics*, vol. 71/3, https://doi.org/10.1007/s10640-017-0180-1. [150]

Groupe d'experts intergouvernemental sur l'évolution du climat (2023), « IPCC, 2022: Annex II: Glossary », dans *Climate Change 2022 : Impacts, Adaptation and Vulnerability Contribution of Working Group II to the Sixth Assessment Report of the Intergovernmental Panel on Climate Change*. [58]

Hacon, S. et al. (2020), « Mercury exposure through fish consumption in traditional communities in the Brazilian Northern Amazon », *International Journal of Environmental Research and Public Health*, vol. 17/15, https://doi.org/10.3390/ijerph17155269. [113]

Hajat, A., C. Hsia et M. O'Neill (2015), *Socioeconomic Disparities and Air Pollution Exposure: a Global Review*, https://doi.org/10.1007/s40572-015-0069-5. [63]

Haklay, M. (2003), « Public access to environmental information: Past, present and future », *Computers, Environment and Urban Systems*, vol. 27/2, https://doi.org/10.1016/S0198-9715(01)00023-0. [168]

Haklay, M. et L. Francis (2017), « Participatory GIS and community-based citizen science for environmental justice action », dans *The Routledge Handbook of Environmental Justice*, https://doi.org/10.4324/9781315678986-24. [191]

Hallegatte, S. et al. (2020), « From Poverty to Disaster and Back: a Review of the Literature », *Economics of Disasters and Climate Change*, vol. 4/1, https://doi.org/10.1007/s41885-020-00060-5. [61]

Hall, J. et P. Lukey (2023), « Public participation as an essential requirement of the environmental rule of law: Reflections on South Africa's approach in policy and practice », *African Human Rights Law Journal*, pp. 303-332, https://doi.org/10.17159/1996-2096/2023/v23n2a4. [36]

Heidegger, P. et K. Wiese (2020), *Pushed to the wastelands: environmental racism against Roma communities in Central and Eastern Europe*, https://eeb.org/wp-content/uploads/2020/04/Pushed-to-the-Wastelands.pdf. [23]

Holland, S. et al. (2019), « Distributional effects of air pollution from electric vehicle adoption », *Journal of the Association of Environmental and Resource Economists*, vol. 6/S1, https://doi.org/10.1086/701188. [139]

Hopkins, E. et al. (2023), « Can the equitable roll out of electric vehicle charging infrastructure be achieved? », *Renewable and Sustainable Energy Reviews*, vol. 182, https://doi.org/10.1016/j.rser.2023.113398. [110]

Hu, H. et G. Huang (2014), « Monitoring of non-point source pollutions from an agriculture watershed in South China », *Water (Switzerland)*, vol. 6/12, https://doi.org/10.3390/w6123828. [190]

Hyland, C. et O. Laribi (2017), *Review of take-home pesticide exposure pathway in children living in agricultural areas*, https://doi.org/10.1016/j.envres.2017.04.017. [120]

James, P. et al. (2015), « A Review of the Health Benefits of Greenness », *Current Epidemiology Reports*, vol. 2/2, https://doi.org/10.1007/s40471-015-0043-7. [104]

Jenkins, K. (2018), *Setting energy justice apart from the crowd: Lessons from environmental and climate justice*, https://doi.org/10.1016/j.erss.2017.11.015. [62]

Johnston, J. et L. Cushing (2020), *Chemical Exposures, Health, and Environmental Justice in Communities Living on the Fenceline of Industry*, https://doi.org/10.1007/s40572-020-00263-8. [93]

Karasaki, S. et al. (2023), *Environmental justice and drinking water: A critical review of primary data studies*, https://doi.org/10.1002/wat2.1653. [75]

Karner, A. et al. (2018), « Transportation and environmental justice », dans *The Routledge Handbook of Environmental Justice*, https://doi.org/10.4324/9781315678986-32. [171]

Klemick, H. et al. (2024), « Factors Influencing Customer Participation in a Program to Replace Lead Pipes for Drinking Water », *Environmental and Resource Economics*, vol. 87, pp. 791-832, https://doi.org/10.1007/s10640-023-00836-9. [98]

Knoble, C. et D. Yu (2023), *Environmental justice: An evolving concept in a dynamic era*, https://doi.org/10.1002/sd.2519. [100]

Köckler, H. et al. (2017), « Environmental justice in western Europe », dans *The Routledge Handbook of Environmental Justice*, https://doi.org/10.4324/9781315678986-50. [20]

Kravchenko, J. et al. (2018), « Mortality and Health Outcomes in North Carolina Communities Located in Close Proximity to Hog Concentrated Animal Feeding Operations », *North Carolina medical journal*, vol. 79/5, https://doi.org/10.18043/ncm.79.5.278. [69]

Landrigan, P., V. Rauh et M. Galvez (2010), « Environmental justice and the health of children », *Mount Sinai Journal of Medicine*, vol. 77/2, https://doi.org/10.1002/msj.20173. [129]

Lee, S. et al. (2015), « Relationship between non-point source pollution and Korean green factor », *Terrestrial, Atmospheric and Oceanic Sciences*, vol. 26/3, https://doi.org/10.3319/TAO.2014.11.10.01(Hy). [189]

Mabon, L. (2020), « Making climate information services accessible to communities: What can we learn from environmental risk communication research? », *Urban Climate*, vol. 31, https://doi.org/10.1016/j.uclim.2019.100537. [164]

Mackie, A. et I. Haščič (2019), « The distributional aspects of environmental quality and environmental policies : Opportunities for individuals and households », *OECD Green Growth Papers*, n° 2019/02, OECD Publishing, Paris, https://doi.org/10.1787/e0939b52-en. [140]

Manisalidis, I. et al. (2020), *Environmental and Health Impacts of Air Pollution: A Review*, https://doi.org/10.3389/fpubh.2020.00014. [64]

Mannan, M. et S. Al-Ghamdi (2021), *Indoor air quality in buildings: A comprehensive review on the factors influencing air pollution in residential and commercial structure*, https://doi.org/10.3390/ijerph18063276. [118]

Marin, G. et F. Vona (2019), « Climate policies and skill-biased employment dynamics: Evidence from EU countries », *Journal of Environmental Economics and Management*, vol. 98, https://doi.org/10.1016/j.jeem.2019.102253. [152]

Marlow, T., J. Elliott et S. Frickel (2022), « Future flooding increases unequal exposure risks to relic industrial pollution », *Environmental Research Letters*, vol. 17/7, https://doi.org/10.1088/1748-9326/ac78f7 [94]

Martínez Alier, J. (2020), « A global environmental justice movement: mapping ecological distribution conflicts », *Disjuntiva. Crítica de les Ciències Socials*, vol. 1/2, https://doi.org/10.14198/disjuntiva2020.1.2.6. [84]

Martinez-Alier, J. (2001), « Mining conflicts, environmental justice, and valuation », *Journal of Hazardous Materials*, vol. 86/1-3, https://doi.org/10.1016/S0304-3894(01)00252-7. [39]

Martinez-Alier, J. et al. (2016), « Is there a global environmental justice movement? », *Journal of Peasant Studies*, vol. 43/3, https://doi.org/10.1080/03066150.2016.1141198. [5]

Mauerhofer, V. (2016), « Public participation in environmental matters: Compendium, challenges and chances globally », *Land Use Policy*, vol. 52, https://doi.org/10.1016/j.landusepol.2014.12.012. [182]

McCauley, D. et R. Heffron (2018), « Just transition: Integrating climate, energy and environmental justice », *Energy Policy*, vol. 119, https://doi.org/10.1016/j.enpol.2018.04.014. [60]

McCord, G. et al. (2023), « Long-term health and human capital effects of in utero exposure to an industrial disaster: A spatial difference-in-differences analysis of the Bhopal gas tragedy », *BMJ Open*, vol. 13/6, https://doi.org/10.1136/bmjopen-2022-066733. [87]

McDonald, D. (dir. pub.) (2002), *What is environmental justice?*, Ohio University Press. [34]

McDonald, D. (dir. pub.) (2002), *Workplace environmental justice: trade unions and the struggle for an ecological platform.*, Ohio University Press. [35]

McDonald, H. (2021), « Assessing Access to Justice: How Much "Legal" Do People Need and How Can We Know? », *UC Irvine Law Review*, vol. 11/3, https://scholarship.law.uci.edu/ucilr/vol11/iss3/6. [185]

Melstrom, R. et al. (2022), « Who Benefits From Brownfield Cleanup and Gentrification? Evidence From Chicago », *Urban Affairs Review*, vol. 58/6, https://doi.org/10.1177/10780874211041537. [144]

Ministère de l'Environnement (2022), *Māori Climate Platform*, https://environment.govt.nz/what-government-is-doing/areas-of-work/climate-change/maori-climate-platform/. [32]

Mitchell, G. (2019), « The messy challenge of environmental justice in the UK: evolution, status and prospects », *Natural England Commissioned Report NECR273*, https://eprints.whiterose.ac.uk/148740/1/2019%20Mitchell%20NE%20EJ%20commissioned%20report%20NECR273.pdf. [18]

Mohai, P., D. Pellow et J. Roberts (2009), « Environmental justice », *Annual Review of Environment and Resources*, vol. 34, https://doi.org/10.1146/annurev-environ-082508-094348. [14]

Mohai, P. et R. Saha (2015), « Which came first, people or pollution? Assessing the disparate siting and post-siting demographic change hypotheses of environmental injustice », *Environmental Research Letters*, vol. 10/11, https://doi.org/10.1088/1748-9326/10/11/115008. [101]

Morello-Frosch, R. et E. Shenassa (2006), *The environmental « Riskscape » and social inequality: Implications for explaining maternal and child health disparities*, https://doi.org/10.1289/ehp.8930. [128]

Müller, F., J. Tunn et T. Kalt (2022), « Hydrogen justice », *Environmental Research Letters*, vol. 17/11, https://doi.org/10.1088/1748-9326/ac991a. [77]

Nations Unies (1992), *Rio Declaration on Environment and Development*, https://www.un.org/en/development/desa/population/migration/generalassembly/docs/globalcompact/A_CONF.151_26_Vol.I_Declaration.pdf. [50]

OCDE (2024), *Mainstreaming Biodiversity into Renewable Power Infrastructure*, Éditions OCDE, Paris, https://doi.org/10.1787/357ac474-en. [197]

OCDE (2024), *Perspectives de l'OCDE sur les compétences 2023 : Les compétences au service d'une transition écologique et numérique résiliente*, Éditions OCDE, Paris, https://doi.org/10.1787/fe76e556-fr. [156]

OCDE (2023), *Examens environnementaux de l'OCDE : États-Unis 2023 (version abrégée)*, Examens environnementaux de l'OCDE, Éditions OCDE, Paris, https://doi.org/10.1787/0b0ca2ea-fr. [11]

OCDE (2023), *Job Creation and Local Economic Development 2023 : Bridging the Great Green Divide*, Éditions OCDE, Paris, https://doi.org/10.1787/21db61c1-en. [154]

OCDE (2023), *OECD work on Regional Trade Agreements and the environment. Policy perspectives*, https://www2.oecd.org/env/Policy-Perspectives-OECD-work-on-regional-trade-agreements-and-the-environment.pdf. [82]

OCDE (2023), *Panorama des administrations publiques 2023*, Éditions OCDE, Paris, https://doi.org/10.1787/b4d0a9ed-fr. [170]

OCDE (2022), *Instaurer la confiance pour renforcer la démocratie : Principales conclusions de l'enquête 2021 de l'OCDE sur les déterminants de la confiance dans les institutions publiques*, Éditions OCDE, Paris, https://doi.org/10.1787/f6a31728-fr. [187]

OCDE (2022), *Recommandation du Conseil sur l'information environnementale et les rapports sur l'environnement*, https://legalinstruments.oecd.org/fr/instruments/OECD-LEGAL-0471 (consulté le 23 April 2024). [167]

OCDE (2021), *Assessing the Economic Impacts of Environmental Policies : Evidence from a Decade of OECD Research*, Éditions OCDE, Paris, https://doi.org/10.1787/bf2fb156-en. [141]

OCDE (2019), *Equal Access to Justice for Inclusive Growth : Putting People at the Centre*, Éditions OCDE, Paris, https://doi.org/10.1787/597f5b7f-en. [186]

OCDE (2019), *Health for Everyone? : Social Inequalities in Health and Health Systems*, Études de l'OCDE sur les politiques de santé, Éditions OCDE, Paris, https://doi.org/10.1787/3c8385d0-en. [198]

OCDE (2018), *Guide OCDE sur le devoir de diligence pour une conduite responsable des entreprises*, Éditions OCDE, Paris, https://mneguidelines.oecd.org/OECD-Due-Diligence-Guidance-for-Responsible-Business-Conduct.pdf. [88]

OCDE (2012), *Qualité de l'eau et agriculture: Un défi pour les politiques publiques*, Études de l'OCDE sur l'eau, Éditions OCDE, Paris, https://doi.org/10.1787/9789264121119-fr. [74]

OCDE (s.d.), *Examens de l'OCDE sur la gouvernance publique*, Éditions OCDE, Paris, https://doi.org/10.1787/22265961. [172]

OCDE et Open Society Foundations (2016), *Leveraging the SDGs for Inclusive Growth: Delivering Access to Justice for All*, https://www.oecd.org/gov/delivering-access-to-justice-for-all.pdf. [183]

OHCHR (2018), *A human rights-based approach to data: leaving no one behind in the 2030 agenda for sustainable development*, https://www.ohchr.org/sites/default/files/Documents/Issues/HRIndicators/GuidanceNoteonApproachtoData.pdf. [205]

OMS (2016), *Preventing disease through healthy environments. A global assessment of the burden of disease from environmental risks*, https://iris.who.int/bitstream/handle/10665/204585/9789241565196_eng.pdf?sequence=1. [125]

OMS (sans date), *Social determinants of health*, https://www.who.int/health-topics/social-determinants-of-health#tab=tab_1 (consulté le 23 April 2024). [195]

Organisation internationale du Travail (2016), *Principes directeurs pour une transition juste vers des économies et des sociétés écologiquement durables pour tous*, https://www.ilo.org/global/topics/green-jobs/publications/WCMS_432859/lang--en/index.htm (consulté le 23 April 2024). [59]

Park, Y. et M. Kwan (2020), « Understanding racial disparities in exposure to traffic-related air pollution: Considering the spatiotemporal dynamics of population distribution », *International Journal of Environmental Research and Public Health*, vol. 17/3, https://doi.org/10.3390/ijerph17030908. [133]

Parlement du Canada (2023), *An Act respecting the development of a national strategy to assess, prevent and address environmental racism and to advance environmental justice*, https://www.parl.ca/legisinfo/en/bill/44-1/c-226 (consulté le 23 April 2024). [17]

Philibert, A., M. Fillion et D. Mergler (2020), « Mercury exposure and premature mortality in the Grassy Narrows First Nation community: a retrospective longitudinal study », *The Lancet Planetary Health*, vol. 4/4, https://doi.org/10.1016/S2542-5196(20)30057-7. [16]

Pizer, W. et S. Sexton (2019), *The Distributional Impacts of Energy Taxes*, https://doi.org/10.1093/reep/rey021. [158]

Programme des Nations Unies pour l'environnement (2021), *NEGLECTED: Environmental Justice Impacts of Marine Litter and Plastic Pollution*, https://www.unep.org/resources/report/neglected-environmental-justice-impacts-marine-litter-and-plastic-pollution (consulté le 23 April 2024). [119]

Prüss-Ustün, A. et al. (2019), « Environmental risks and non-communicable diseases », *BMJ (Online)*, vol. 364, https://doi.org/10.1136/bmj.l265. [126]

Rasmussen, M. et P. Pinho (2016), « Introduction: Environmental Justice and Climate Change in Latin America », *LASAForum*, vol. 47/4, https://forum.lasaweb.org/files/vol47-issue4/Debates1.pdf. [24]

Resnik, D. (2022), « Environmental justice and climate change policies », *Bioethics*, vol. 36/7, https://doi.org/10.1111/bioe.13042. [56]

Ruano-Chamorro, C., G. Gurney et J. Cinner (2022), *Advancing procedural justice in conservation*, https://doi.org/10.1111/conl.12861. [173]

Ruiz, D. et al. (2018), « Disparities in environmental exposures to endocrine-disrupting chemicals and diabetes risk in vulnerable populations », *Diabetes Care*, vol. 41/1, https://doi.org/10.2337/dc16-2765. [114]

San Sebastián, M. et A. Hurtig (2005), « Oil development and health in the Amazon basin of Ecuador: The popular epidemiology process », *Social Science and Medicine*, vol. 60/4, https://doi.org/10.1016/j.socscimed.2004.06.016. [124]

Scheidel, A. et al. (2020), « Environmental conflicts and defenders: A global overview », *Global Environmental Change*, vol. 63, https://doi.org/10.1016/j.gloenvcha.2020.102104. [181]

Schleich, J. (2019), « Energy efficient technology adoption in low-income households in the European Union – What is the evidence? », *Energy Policy*, vol. 125, https://doi.org/10.1016/j.enpol.2018.10.061. [157]

Schlosberg, D. (2013), « Theorising environmental justice: The expanding sphere of a discourse », *Environmental Politics*, vol. 22/1, https://doi.org/10.1080/09644016.2013.755387. [4]

Schlosberg, D. (2007), *Defining Environmental Justice: Theories, Movements, and Nature*, https://doi.org/10.1093/acprof:oso/9780199286294.001.0001. [3]

Schlosberg, D. (2004), « Reconceiving environmental justice: Global movements and political theories », *Environmental Politics*, vol. 13/3, https://doi.org/10.1080/0964401042000229025. [43]

Schlosberg, D. et L. Collins (2014), *From environmental to climate justice: Climate change and the discourse of environmental justice*, https://doi.org/10.1002/wcc.275. [6]

Schlosberg, D., L. Rickards et J. Byrne (2018), « Environmental justice and attachment to place », dans *The Routledge Handbook of Environmental Justice*, https://doi.org/10.4324/9781315678986-47. [31]

Shapiro, J. et R. Walker (2021), « Where Is Pollution Moving? Environmental Markets and Environmental Justice », *AEA Papers and Proceedings*, vol. 111, https://doi.org/10.1257/pandp.20211004. [10]

Shapiro, M. (2005), « Equity and information: Information regulation, environmental justice, and risks from toxic chemicals », *Journal of Policy Analysis and Management*, vol. 24/2, https://doi.org/10.1002/pam.20094. [165]

Sieg, H. et al. (2004), « Estimating the general equilibrium benefits of large changes in spatially delineated public goods », *International Economic Review*, vol. 45/4, https://doi.org/10.1111/j.0020-6598.2004.00297.x. [147]

Siroux, V., L. Agier et R. Slama (2016), « The exposome concept: A challenge and a potential driver for environmental health research », *European Respiratory Review*, vol. 25/140, https://doi.org/10.1183/16000617.0034-2016. [136]

Solomon, G. et al. (2016), *Cumulative Environmental Impacts: Science and Policy to Protect Communities*, https://doi.org/10.1146/annurev-publhealth-032315-021807. [131]

Stein, P. et M. Stein (2022), *Climate change and the right to health of people with disabilities*, https://doi.org/10.1016/S2214-109X(21)00542-8. [92]

Suškevičs, M. et al. (2019), « Regional variation in public acceptance of wind energy development in Europe: What are the roles of planning procedures and participation? », *Land Use Policy*, vol. 81, https://doi.org/10.1016/j.landusepol.2018.10.032. [177]

Sze, J. et J. Londres (2008), « Environmental Justice at the Crossroads », *Sociology Compass*, vol. 2/4, https://doi.org/10.1111/j.1751-9020.2008.00131.x. [67]

Thornhill, I. et al. (2022), « Blue-space availability, environmental quality and amenity use across contrasting socioeconomic contexts », *Applied Geography*, vol. 144, https://doi.org/10.1016/j.apgeog.2022.102716. [109]

Ulloa, A. (2017), *Perspectives of Environmental Justice from Indigenous Peoples of Latin America: A Relational Indigenous Environmental Justice*, https://doi.org/10.1089/env.2017.0017. [27]

United Nations (2024), *Third meeting of the Conference of the Parties to the Escazú Agreement*, https://acuerdodeescazu.cepal.org/cop3/en/news/cop-3-escazu-agreement-reinforces-commitment-recognize-protect-and-promote-all-rights-human (consulté le 13 May 2024). [29]

United States Environmental Protection Agency (2023), *Environmental Justice*, https://www.epa.gov/environmentaljustice (consulté le 23 April 2024). [202]

United States Environmental Protection Agency (2023), *EPA Draft Revision of Technical Guidance for Assessing Environmental Justice in Regulatory Analysis*, https://www.epa.gov/system/files/documents/2023-11/ejtg_revision_110823_508compliant_0.pdf. [121]

United States Environmental Protection Agency (2023), *Federal Actions to Address Environmental Justice in Minority Populations and Low-Income Populations*, https://www.epa.gov/environmentaljustice/federal-actions-address-environmental-justice-minority-populations-and-low (consulté le 23 April 2024). [7]

United States Environmental Protection Agency (2023), *Human Exposure and Health*, https://www.epa.gov/report-environment/human-exposure-and-health (consulté le 23 April 2024). [130]

United States Environmental Protection Agency (2022), *EPA Researchers Release Cumulative Impacts Report, Prioritizing Environmental Justice in New Research Cycle*, https://www.epa.gov/sciencematters/epa-researchers-release-cumulative-impacts-report-prioritizing-environmental-justice (consulté le 23 April 2024). [201]

United States General Accounting Office (1982), *Siting of Hazardous Waste Landfills and Their Correlation with Racial and Economic Status of Surrounding Communities*, http://archive.gao.gov/d48t13/121648.pdf. [196]

van de Grift, E. et E. Cuppen (2022), « Beyond the public in controversies: A systematic review on social opposition and renewable energy actors », *Energy Research & Social Science*, vol. 91, https://doi.org/10.1016/j.erss.2022.102749. [175]

Vásquez, A. et al. (2018), « Urban environmental (in)justice in latin america », dans *The Routledge Handbook of Environmental Justice*, https://doi.org/10.4324/9781315678986-44. [26]

Viel, J. et al. (2011), « Environmental justice in a French industrial region: Are polluting industrial facilities equally distributed? », *Health and Place*, vol. 17/1, https://doi.org/10.1016/j.healthplace.2010.10.007. [68]

Vona, F. (2021), « Managing the distributional effects of environmental and climate policies: The narrow path for a triple dividend », *Documents de travail de l'OCDE sur l'environnement* 188. [151]

Wakefield, S. et J. Baxter (2010), « Linking health inequality and environmental justice: Articulating a precautionary framework for research and action », *Environmental Justice*, vol. 3/3, https://doi.org/10.1089/env.2009.0044. [137]

Waldron, I. (2018), *There's something in the water : environmental racism in indigenous and black communities*. [15]

Walker, C. et J. Baxter (2017), « Procedural justice in Canadian wind energy development: A comparison of community-based and technocratic siting processes », *Energy Research and Social Science*, vol. 29, https://doi.org/10.1016/j.erss.2017.05.016. [180]

Walker, G. (2012), *Environmental Justice: Concepts, Evidence and Politics*, https://doi.org/10.4324/9780203610671. [1]

Wang, X. et al. (2021), « Community Pressure and the Spatial Redistribution of Pollution: The Relocation of Toxic-Releasing Facilities », *Journal of the Association of Environmental and Resource Economists*, vol. 8/3, https://doi.org/10.1086/711656. [166]

Wang, X. et K. Lo (2021), *Just transition: A conceptual review*, https://doi.org/10.1016/j.erss.2021.102291. [55]

Watkins, E. et al. (2019), « Policy Approaches to Incentivise Sustainable Plastic Design », *Documents de travail de l'OCDE sur l'environnement* 149. [188]

Watkins, S. et E. Gerrish (2018), « The relationship between urban forests and race: A meta-analysis », *Journal of Environmental Management*, vol. 209, https://doi.org/10.1016/j.jenvman.2017.12.021. [106]

Wesselink, A. et al. (2011), « Rationales for public participation in environmental policy and governance: Practitioners' perspectives », *Environment and Planning A*, vol. 43/11, https://doi.org/10.1068/a44161. [179]

White House (2023), *Executive Order on Revitalizing Our Nation's Commitment to Environmental Justice for All*, https://www.whitehouse.gov/briefing-room/presidential-actions/2023/04/21/executive-order-on-revitalizing-our-nations-commitment-to-environmental-justice-for-all/ (consulté le 23 April 2024). [13]

White House (2021), *Executive Order on Tackling the Climate Crisis at Home and Abroad*, https://www.whitehouse.gov/briefing-room/presidential-actions/2021/01/27/executive-order-on-tackling-the-climate-crisis-at-home-and-abroad/ (consulté le 23 April 2024). [12]

White House (1994), *Executive Order 12898 of February 11, 1994 Federal Actions To Address Environmental Justice in Minority Populations and Low-Income Populations*, https://www.archives.gov/files/federal-register/executive-orders/pdf/12898.pdf. [200]

Whyte, K. (2017), « The recognition paradigm of environmental injustice », dans *The Routledge Handbook of Environmental Justice*, https://doi.org/10.4324/9781315678986-10. [44]

Wild, C. (2012), *The exposome: From concept to utility*, https://doi.org/10.1093/ije/dyr236. [134]

Wolch, J., J. Byrne et J. Newell (2014), « Urban green space, public health, and environmental justice: The challenge of making cities 'just green enough' », *Landscape and Urban Planning*, vol. 125, https://doi.org/10.1016/j.landurbplan.2014.01.017. [145]

Wolsink, M. (2007), *Wind power implementation: The nature of public attitudes: Equity and fairness instead of 'backyard motives'*, https://doi.org/10.1016/j.rser.2005.10.005. [174]

Wolverton, A. (2009), « Effects of socio-economic and input-related factors on polluting plants' location decisions », *B.E. Journal of Economic Analysis and Policy*, vol. 9/1, https://doi.org/10.2202/1935-1682.2083. [103]

World Bank Group and World Trade Organization (2015), *The role of trade in ending poverty*, https://www.wto.org/french/res_f/publications_f/dtd2023_f.htm. [79]

World Justice Project (2023), *Disparities, Vulnerability, and Harnessing Data for People-Centered Justice*, https://worldjusticeproject.org/our-work/research-and-data/wjp-justice-data-graphical-report-ii. [184]

Xepapadeas, A. (2011), *The economics of non-point-source pollution*, https://doi.org/10.1146/annurev-resource-083110-115945. [72]

Zota, A. et B. Shamasunder (2017), « The environmental injustice of beauty: framing chemical exposures from beauty products as a health disparities concern », *American Journal of Obstetrics and Gynecology*, vol. 217/4, https://doi.org/10.1016/j.ajog.2017.07.020. [115]

Notes

[1] L'étude menée par (United States General Accounting Office, 1982[196]) a galvanisé le mouvement en étayant de manière empirique les préoccupations autour d'un racisme environnemental (United States Environmental Protection Agency, 2023[202]).

[2] Décret 12898, *Federal Actions to Address Environmental Justice in Minority Populations and Low-Income Populations* (White House, 1994[200]).

[3] Voir (United States Environmental Protection Agency, 2023[202]) pour une vue d'ensemble de l'histoire des mouvements de justice environnementale aux États-Unis.

[4] Décret 14008, *Tackling Climate Crisis at Home and Abroad* (White House, 2021[12]).

[5] Décret 14096, *Revitalizing Our Nation's Commitment to Environmental Justice for All* (White House, 2023[13]).

[6] Convention sur l'accès à l'information, la participation du public au processus décisionnel et l'accès à la justice en matière d'environnement (CEE-ONU, 1998[46]).

[7] Par exemple, l'article 5 exige des autorités publiques qu'elles rendent l'information environnementale « effectivement » accessible au public (Bell et Carrick, 2017[19]).

[8] Pourtant, il est reconnu que la collecte de données peut, dans certains cas, contribuer à prévenir et à corriger les inégalités. Lors de la pandémie de COVID-19 par exemple, l'incapacité à ventiler pleinement les statistiques sanitaires par origine ethnique a rendu impossible la mise en œuvre d'approches ciblées visant à protéger les groupes surexposés (Commission européenne, 2021[199]). Des efforts régionaux sont en cours au sein de la Commission européenne pour l'élaboration d'orientations pour la collecte de données, visant à fournir des principes directeurs conformes à l'approche des droits de l'homme en matière de données et au principe du « ne pas nuire » (OHCHR, 2018[205]).

[9] Par exemple, la région est celle dans laquelle les menaces et agressions (mortelles) à l'encontre de défenseurs de l'environnement ont été les plus nombreuses au cours de la dernière décennie (Global Witness, 2022[203]).

[10] Le terme « pays » est souvent utilisé pour désigner les terres, les cours d'eau et les mers auxquels les peuples aborigènes sont liés (Australian Institute of Aboriginal and Torres Strait Isander Studies, sans date[194]).

[11] Les déchets chimiques et industriels ont provoqué des contaminations de l'air, des océans et des rivières et ont entraîné l'apparition localisée de pathologies telles que l'asthme (pollution de l'air) et des douleurs osseuses (exposition au cadmium) (Fan et Chou, 2017[30]).

[12] Le handicap nous donne un exemple de pareille généralisation potentielle. Par exemple, réduire le handicap à une seule catégorie sans tenir compte de l'identité linguistique des populations sourdes peut créer des obstacles à leur participation (Charles et Thomas, 2007[192]).

[13] Par exemple, il ressort d'une étude menée que les émissions liées à la consommation des 1 % les plus riches sont plus importantes que celles des 50 % les plus pauvres (Bruckner et al., 2022[53]).

[14] La dimension « emplois » du concept de transition juste reste importante dans les discussions sur les politiques publiques. Le préambule de l'Accord de Paris reprend le concept en soulignant les impératifs « d'une transition juste pour la population active et de la création d'emplois décents et de qualité » (CCNUCC, 2015[204]).

[15] Ceci peut s'expliquer, par exemple, par le fait que la présence d'actifs de grande valeur influence le résultat de l'analyse coûts-bénéfices et l'action publique qui en découle (Hallegatte et al., 2020[61]).

[16] L'Organisation mondiale de la santé (OMS) décrit les déterminants sociaux de la santé comme des facteurs autres que ceux liés à la médecine qui influencent les résultats en matière de santé. Il s'agit notamment des circonstances dans lesquelles les individus naissent, vivent et travaillent, ainsi que du contexte plus large qui façonne les conditions de leur vie quotidienne. Les déterminants sociaux de la santé influencent à la fois la santé des individus et leur accès aux soins. L'environnement, défini au sens large comme les conditions de vie, ainsi que le logement et les aménités de base, est souvent considéré comme l'un des déterminants sociaux de la santé qui entraîne des inégalités évitables en matière de santé (OMS, sans date[195]).

[17] Bien qu'il soit difficile de mesurer le volume de pollution diffuse et sa variabilité dans le temps, les estimations suggèrent qu'elle pourrait être responsable d'une grande partie de la pollution des eaux. (Hu et Huang, 2014[190]) estiment ainsi qu'elle représentait plus de 80 % de la pollution du bassin versant de Siheshui entre 2008 et 2010. De même, (Lee et al., 2015[189]) ont chiffré son impact à environ 69 % dans quatre grands bassins versants de Corée

[18] Les bassins versants sont des zones qui reçoivent l'ensemble des eaux de pluie et de fonte des neiges qui alimentent une masse d'eau commune.

[19] On estime que les personnes handicapées présentent des taux de mortalité jusqu'à quatre fois supérieurs à celles qui ne souffrent pas de handicap, en raison de facteurs tels que l'accès à l'information, aux systèmes d'alerte précoce et aux transports (Stein et Stein, 2022[92]).

[20] À titre d'exemple, le bisphénol A (BPA), un additif entrant dans la composition de produits plastiques, fait partie des substances incriminées. L'utilisation de ces additifs dans les produits alimentaires peut être réglementée par des interdictions et des suppressions progressives, comme cela a été fait dans certains pays et par la Commission européenne (Watkins et al., 2019[188]).

[21] Par exemple, les femmes à la peau foncée peuvent être exposées à davantage de produits chimiques en raison de l'utilisation de soins personnels tels que des crèmes éclaircissantes (Zota et Shamasunder, 2017[115]).

[22] Elle implique des volontaires dans le processus d'une enquête scientifique, comme l'identification des questions de recherche, la conduite d'observations, l'analyse de données et l'utilisation des connaissances

qui en résultent (OCDE, s.d.[172]) et se déroule souvent en dehors des cadres professionnels, tels que les universités (Haklay et Francis, 2017[191]).

23 Il existe des inégalités en matière de santé. Par exemple, les travaux de recherche attestent régulièrement que moins le niveau d'éducation est élevé, plus les comportements adoptés peuvent être néfastes pour la santé (ex. : le tabagisme). Les catégories de la population à faible revenu sont également moins enclines à consulter des médecins, en particulier des spécialistes, tous pays confondus (OCDE, 2019[198]).

24 La charge de morbidité désigne l'impact d'une maladie sur une population, mesuré en années de vie corrigées de l'incapacité (AVCI). (OMS, 2016[125]).

25 Par exemple, ces impacts cumulatifs font référence à « l'ensemble des expositions à des combinaisons de facteurs de stress chimiques et non chimiques et leurs effets sur la santé, le bien-être et la qualité de vie ». (United States Environmental Protection Agency, 2022[201]).

26 Pour consulter un examen de la littérature empirique consacrée à l'impact des divers avantages/inconvénients de l'environnement sur la valeur des logements, voir (Farrow et al., 2022[146]).

27 Par exemple, (Bento, Freedman et Lang, 2015[193]) ont constaté que l'augmentation des loyers évolue à un rythme deux fois plus lent que l'augmentation de la valeur des maisons.

28 Par exemple, les projections semblent montrer que des compétences telles que la communication interpersonnelle et l'utilisation des technologies numériques connaîtront leur plus forte croissance entre 2019 et 2030 (OCDE, 2024[156]).

29 Des coûts indirects peuvent également se présenter en lien avec l'augmentation du prix de l'électricité utilisée comme intrant intermédiaire pour produire des biens de consommation (Bento, 2013[153]).

30 D'autres considérations importantes incluent les impacts environnementaux (par exemple sur la biodiversité) de ces infrastructures d'énergie renouvelable. Pour un examen plus approfondi, voir (OCDE, 2024[197]).

3 Les approches nationales de la justice environnementale en pratique

Ce chapitre présente une vue d'ensemble de haut niveau des approches nationales de la justice environnementale basée sur une analyse des réponses à l'enquête de l'OCDE. Le chapitre indique quels pays utilisent le terme « justice environnementale ». Il examine ensuite les canaux via lesquels la justice environnementale est mise en œuvre, par exemple l'approche juridique, les politiques publiques ou les initiatives réglementaires, ainsi que le niveau de détail avec lequel ses aspects importants sont pris en compte dans les réponses à l'enquête. Pour terminer, le chapitre présente des exemples d'approches émanant du monde entier.

3.1. Utilisation du terme « justice environnementale »

Si les préoccupations sous-jacentes peuvent être d'ordre général, le terme « justice environnementale » n'est pas couramment utilisé dans les administrations nationales (Graphique 3.1). Dix des 25 pays utilisaient le terme « justice environnementale » ; parmi ceux-ci, quatre utilisaient le terme en interne (Allemagne, Chili, Écosse, Mexique), quatre prenaient en compte la justice environnementale dans leur législation préexistante (Afrique du Sud, Corée du Sud, États-Unis, Pérou), un disposait d'une définition dérivée du pouvoir judiciaire (Colombie), et un autre disposait d'un projet de loi sur la justice environnementale en cours d'adoption (Canada).

Le fait que moins de la moitié des administrations nationales interrogées utilisent ce terme peut refléter la diversité des approches visant à lutter contre les inégalités environnementales. Certains pays emploient d'autres termes qui sont liés aux piliers conceptuels de la justice environnementale (justice distributive, procédurale et de reconnaissance), sans utiliser explicitement le terme. Dans le même ordre d'idées, en plus de « justice environnementale », le Canada utilise également le terme « racisme environnemental », ce qui reflète l'utilisation de ce terme dans le contexte des mouvements pour l'égalité raciale. D'autres pays utilisent des expressions plus descriptives, par exemple, « inégalités environnementales » dans le cas de la France. À des degrés divers, ces termes reflètent l'objectif de promotion de la justice environnementale dans ces pays.

Graphique 3.1. L'utilisation du terme « justice environnementale » au niveau national

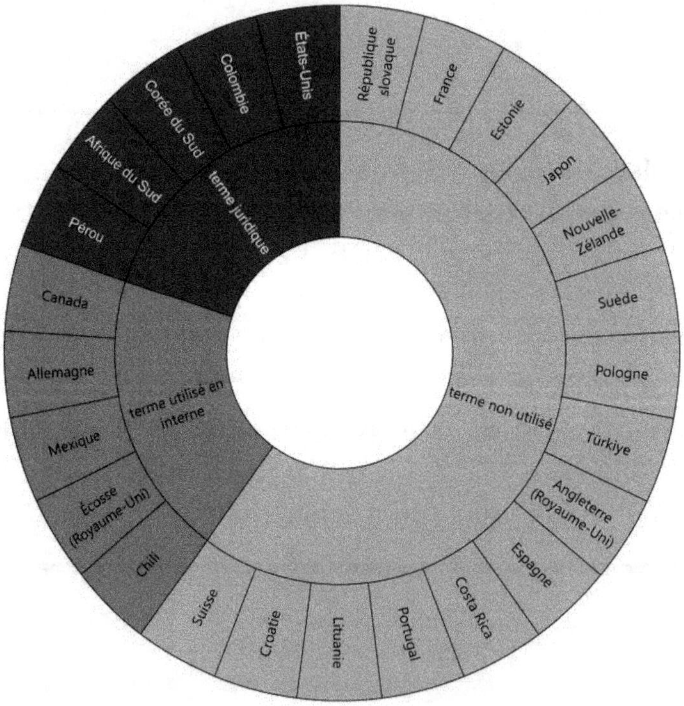

Note : l'examen des réponses à l'enquête par les auteurs a permis d'établir ce classement.
Source : enquête de l'OCDE sur la justice environnementale.

3.2. Les différents canaux de prise en compte de la justice environnementale

Sur la base des conclusions concernant l'utilisation du terme, deux catégories d'approches de la justice environnementale ont été identifiées : les approches *directes* (les pays qui emploient le terme et disposent de mesures spécifiques en matière de justice environnementale) et les approches *indirectes* (les pays qui n'emploient pas le terme mais abordent la justice environnementale par d'autres moyens, c'est-à-dire indirectement). Dans la catégorie des approches directes, l'enquête a permis d'identifier deux voies par lesquelles la justice environnementale est mise en œuvre : (i) la voie juridique et (ii) la voie politique et l'initiative. En ce qui concerne la catégorie des approches indirectes, deux voies de mise en œuvre de la justice environnementale ont également été identifiées : (i) l'ajout de protections et garanties, et (ii) la garantie des droits.

La mise en œuvre de la justice environnementale peut passer par tous ces canaux, de manière individuelle ou cumulée ; ils ne s'excluent pas nécessairement l'un l'autre. Par exemple, les États-Unis garantissent les droits constitutionnels et civils, mais disposent également de politiques de justice environnementale et des directives du pouvoir exécutif pour traiter spécifiquement la question de la justice environnementale via une série de décrets. En Afrique du Sud, la justice environnementale s'est également imposée comme un principe politique dont la promotion a été rendue obligatoire par une loi. De la même façon, au Canada, si une initiative gouvernementale est en cours dans le cadre d'un projet de loi sur la justice environnementale, les droits relatifs à la justice environnementale continuent d'être protégés dans une certaine mesure par la garantie des droits fondamentaux ; par exemple, le droit à un environnement sain contenu dans la Loi sur la protection de l'environnement.

Les approches directes peuvent être considérées comme plus ciblées que les approches indirectes, car elles ont spécifiquement pour objet la mise en œuvre de la justice environnementale (Graphique 3.2). Dans les approches directes, les mesures juridiques peuvent être considérées comme un engagement plus ferme en faveur de la justice environnementale que les énoncés de politique, car elles sont moins susceptibles d'évoluer en fonction des priorités gouvernementales et peuvent établir des droits et devoirs exécutoires.

Graphique 3.2. Les approches directes et indirectes de la justice environnementale et leurs canaux

		Voie utilisée pour cibler la justice environnementale (JE)
Voie directe	Juridique	Législation ou jurisprudence
		Justice environnementale définie de manière explicite
		Mandat juridique fort pour prendre en compte la JE
	Politique et initiative	Législation à venir ciblant directement la JE
		Politique en cours ciblant explicitement la JE
		Documents officiels fixant des objectifs ciblant la JE
		Autres initiatives en cours visant à promouvoir la JE
Voie indirecte	Ajout de protections et de garanties	Groupes potentiellement vulnérables reconnus par d'autres lois
		Groupes potentiellement vulnérables reconnus par d'autres politiques
		Traitement détaillé des aspects liés à la JE dans l'analyse d'impact
	Garantie des droits	Maintien de l'état de droit et mise en place de droits de recours
		Droit à un environnement sain promu
		Garanties procédurales (par ex., consultation) présentes dans le processus d'élaboration des politiques
		Reconnaissance limitée des groupes particulièrement vulnérables

Note : l'examen des réponses à l'enquête par les auteurs a permis d'établir ce classement. La liste des canaux identifiés n'est ni exhaustive ni clairement définie.
Source : enquête de l'OCDE sur la justice environnementale.

L'analyse a également porté sur la question de savoir si les préoccupations de fond liées à la justice environnementale identifiées au chapitre 2[1] sont prises en compte, et à quel niveau de détail (Graphique 3.3). Cette caractérisation impliquant un certain degré de jugement, le niveau de détail avec lequel un aspect de la justice environnementale a été pris en compte dans une réponse à l'enquête a été évalué par rapport à des critères prédéfinis. Plus précisément, une prise en compte « détaillée » implique que la réponse soit explicitement ciblée, que la plus grande précision y soit apportée ou qu'elle aborde les impacts différenciés sur les différentes aspects, entre autres facteurs. Les approches qui se rapportent exclusivement aux politiques climatiques et aux stratégies pour des transitions justes[2] ont été qualifiées de « générales », sauf si la réponse à l'enquête décrit comment elles intègrent les préoccupations de justice environnementale. Tout en reconnaissant la complémentarité de ces concepts (voir la section 2.3.4 du chapitre 2), l'analyse s'est concentrée sur l'identification de références explicites à la justice environnementale, en raison de son point de vue global et de sa prise en compte limitée dans l'action publique à ce jour.

Cette catégorisation détaillée vient s'ajouter aux approches directes et indirectes, ce qui montre que tous les pays interrogés abordent (directement ou indirectement) les préoccupations de justice environnementale, bien qu'à des degrés divers. Cela étant, l'analyse montre que les pays qui déploient des approches directes prennent en compte les préoccupations de fond en matière de justice environnementale et le font de manière plus détaillée. Les pays qui déploient des approches indirectes ont tendance à prendre en compte les préoccupations de justice environnementale de manière plus générale, au moyen de mesures moins ciblées.

Graphique 3.3. Prise en compte des préoccupations de justice environnementale par approche et par pays

Note : le niveau de détail considéré est catégorisé par les auteurs sur la base de l'examen des réponses à l'enquête. La Türkiye et la Commission européenne n'ont pas été classées car leurs réponses portaient sur des questions plus sectorielles, ce qui a entravé l'évaluation de leur couverture des trois principales préoccupations de justice environnementale.
Source : enquête de l'OCDE sur la justice environnementale.

Cette constatation peut refléter les avantages et les inconvénients des différents canaux de mise en œuvre de la justice environnementale, ainsi que l'importance variable des différentes préoccupations de justice environnementale d'un pays à l'autre. Toutes les approches de la justice environnementale présentent leurs propres avantages et inconvénients. La garantie des droits joue un rôle dans la promotion de la justice environnementale. De plus, une mauvaise qualité de l'environnement peut avoir un impact négatif sur toute une série d'autres droits connexes, tels que le droit à la santé ou à un niveau de vie adéquat. Plus concrètement, les mécanismes d'application de ces droits, transposés dans les systèmes juridiques, offrent des voies de recours aux victimes d'injustice environnementale (Lewis, 2012[1]).[3]

Toutefois, l'une des limites des approches fondées sur les droits est que le fait d'imposer l'égalité des droits ne signifie pas nécessairement *ex ante* la reconnaissance que certains groupes sont plus vulnérables à une mauvaise qualité de l'environnement et peuvent également être confrontés à des obstacles à l'accès aux recours en justice. L'ajout de protections et de garanties pourrait permettre de prendre des mesures correctives afin de remédier à ces inégalités. Cependant, dans certains cas, ces approches peuvent être réactives plutôt que proactives, ce qui peut limiter leur efficacité à identifier des vulnérabilités moins bien reconnues au profit des problèmes les plus médiatisés dans un contexte donné.

En conséquence, et pour reconnaître ces problèmes potentiels, il convient peut-être de privilégier les politiques de justice environnementale ciblant explicitement ou prenant en compte les groupes vulnérables. Toutefois, si les politiques et les initiatives jouent un rôle important en influençant les résultats en matière de justice environnementale, elles sont généralement soumises à un niveau de responsabilité moins élevé que les lois qui créent des obligations contraignantes pour des acteurs spécifiques ainsi que des mécanismes d'application (Programme des Nations Unies pour le développement, 2022[2]). Par conséquent, des protections juridiques et des exigences légales qui dépassent les approches purement fondées sur les droits peuvent s'avérer appropriées dans certains cas.

3.3. Exemples d'approches directes dans différents pays

3.3.1. Approches juridiques de la justice environnementale

Les États-Unis se singularisent en cela qu'ils ont renforcé leur programme en matière de justice environnementale par une série de décrets.[4] Un décret de 2023[5] définit la justice environnementale comme suit : « le traitement équitable et la facilitation de la participation de chacun, sans distinction de revenu, d'ethnie, de couleur, de nationalité, d'appartenance tribale ou de handicap, au processus décisionnel des agences et aux autres activités fédérales qui ont une incidence sur la santé humaine et l'environnement » (White House, 2023[3]) (voir l'Encadré 3.1 pour la définition complète). La définition des États-Unis reflète les trois aspects de la justice environnementale examinés au chapitre 2, et les décrets 12898 et 14096 fournissent des directives claires aux agences fédérales pour faire progresser la justice environnementale. Par exemple, un décret de 1994[6] demande aux agences fédérales « d'identifier et de traiter les effets négatifs et disproportionnés sur la santé humaine ou l'environnement de leurs actions pour les populations minoritaires ou à faibles revenus, dans toute la mesure du possible et autorisée par la loi », et rend obligatoire l'élaboration d'une stratégie pour la mise en œuvre de la justice environnementale (United States Environmental Protection Agency, 2023[4]). Cette étude montre également que les États-Unis sont le seul pays à examiner en détail les effets distributifs des politiques environnementales.

En Colombie, la cour constitutionelle a affirmé que la justice environnementale est composée de quatre éléments présents dans la constitution de 1991, affirmation ayant également été itérée en jurisprudence constitutionelle en référence à la définition élaborée et utilisée par l'agence américaine de protection de l'environnement (Environmental Protection Agency – EPA)[7]. Les dimensions participative et distributive de la justice environnementale ont été reconnues dans un arrêt juridique. L'affaire concernait la dégradation de l'environnement subie par les communautés autochtones du peuple Zenú en raison de la construction de la décharge de Cantagallo à proximité de leur lieu de vie. Le tribunal a estimé que les défendeurs (des autorités environnementales nationales et locales, une entreprise de services publics et le ministère colombien de l'Intérieur) avaient enfreint plusieurs droits des plaignants. Ces infractions concernaient par exemple le droit à la consultation préalable des personnes concernées dans le cadre de la procédure d'autorisation, ainsi que la reconnaissance de l'indigénéité des plaignants par refus de leur présence dans la zone de construction de la décharge. En outre, dans un arrêt de 2019 concernant l'absence de consultation d'une communauté majoritairement noire de Playa Blanca au sujet de la suppression des droits d'accès maritime à une zone vitale[8], la Cour constitutionnelle colombienne a fondé sa définition de la justice environnementale sur des principes établis dans sa jurisprudence constitutionnelle, tels que la durabilité et le principe de précaution.

La réponse de la Colombie à l'enquête indique qu'elle examine en détail les inégalités de répartition des dommages et bénéfices environnementaux, ainsi que la question de la participation et de l'engagement. Par exemple, la Colombie a cité plusieurs mesures qui facilitent la participation du public, comme le décret[9] du gouvernement colombien « pour l'adoption de la politique publique sur la participation des citoyens [...] », et son « plan de développement national » visant à créer une « commission interinstitutionnelle d'Escazú » afin de renforcer les mesures de protection de l'environnement. La réponse de la Colombie a également confirmé que le droit à la consultation préalable est considéré comme une protection de la justice environnementale pour les peuples autochtones ou tribaux (Gouvernement de la Colombie, 2023[5]). En ce qui concerne l'impact distributif des politiques environnementales, si le principe de « justice distributive » a été mentionné, il n'a pas fait l'objet d'un examen approfondi, si ce n'est pour en souligner l'importance. Cela peut s'expliquer par le fait qu'en Colombie, le développement de la justice environnementale a été impulsé par le pouvoir judiciaire.[10]

L'approche de l'Afrique du Sud en matière de justice environnementale est ancrée dans la déclaration des droits contenue dans la Constitution post-apartheid de 1996 (Gouvernement de l'Afrique du Sud, 1996[6]). Le concept de justice environnementale a été défini pour la première fois de manière spécifique dans les principes du Livre blanc sur la politique environnementale nationale de 1998, qui fait obligation au gouvernement d'« intégrer les considérations environnementales dans la justice et le développement social, politique et économique en répondant aux besoins et aux droits de toutes les communautés, de tous les secteurs et de tous les individus » afin de réparer les injustices environnementales passées et présentes (Department of Forestry, Fisheries and the Environment, 1998[7]). Le principe de justice environnementale a été renforcé par la loi nationale sur la gestion de l'environnement (NEMA) (Gouvernement de l'Afrique du Sud, 1998[8]).

En particulier, le droit à la participation au processus décisionnel en matière d'environnement est également concrétisé dans la section 2.4(f) de la NEMA, qui reconnaît que les personnes doivent avoir « la possibilité de développer la compréhension, les compétences et les capacités nécessaires pour parvenir à une participation équitable et efficace » *(ibid)*. En s'appuyant sur cette législation, le pouvoir judiciaire sud-africain a également joué un rôle actif dans le développement d'une jurisprudence sur ce qui constitue une facilitation de la participation du public (Hall et Lukey, 2023[9]). Par exemple, dans une affaire concernant le droit d'exploration du pétrole et du gaz[11], le tribunal a déclaré que certains aspects procéduraux de la consultation publique, notamment l'avis publié uniquement en afrikaans et en anglais[12] et l'organisation de réunions publiques loin des communautés concernées, étaient entachés d'irrégularités.

En Corée du Sud, la justice environnementale trouve son expression concrète dans l'article 2 de la Loi-cadre sur la politique environnementale. Un certain nombre de plans ont ensuite été élaborés pour rendre le concept opérationnel dans le cadre de l'élaboration des mesures d'action publique, dont le « Plan global pour l'environnement national 2020-2040 », qui vise à élaborer un cadre pour la promotion de la justice environnementale et à mener des travaux d'évaluation de la situation actuelle d'ici 2030 (Ministère de l'Environnement, 2019[10]), et le Plan global pour la justice environnementale (2020-2024) qui décrit la mise en œuvre. La Loi sur la santé environnementale identifie également des communautés et des groupes spécifiques susceptibles d'être confrontés à des préoccupations de justice environnementale, comme les personnes résidant à proximité de complexes industriels et dans des zones densément peuplées, ainsi que les personnes particulièrement susceptibles d'être exposées à des risques environnementaux, notamment les enfants et les femmes enceintes (Korea Legislation Research Institute, 2008[11]).

L'approche péruvienne de la justice environnementale est fondée sur ses aspects procéduraux, en particulier l'accès au recours en justice, l'article IV (droit d'accès à la justice environnementale) de la loi générale sur l'environnement mettant en avant le droit à une action rapide, simple et concrète devant les entités administratives et juridictionnelles, ainsi que la protection de la santé des personnes.[13] Un autre aspect remarquables de cette loi est le principe d'équité, qui stipule que les politiques environnementales doivent contribuer à « l'éradication de la pauvreté et à la réduction des inégalités sociales et économiques existantes, ainsi qu'au développement économique durable des populations défavorisées »" (Ministère de l'Environnement du Pérou, 2005[12]). Par ailleurs, outre la prise en compte des groupes vulnérables tels que les peuples autochtones, un accent particulier est mis sur la protection des défenseurs de l'environnement grâce au protocole sectoriel de protection des défenseurs de l'environnement, qui vise à garantir les droits de ces derniers et met en place une série de mesures préventives et protectrices (Ministry of Environment of Peru, 2021[13]).

Ces cinq cas démontrent que la justice environnementale peut être promue par les pouvoirs exécutif, législatif et judiciaire. De la même manière que les États-Unis montrent que le pouvoir exécutif peut jouer un rôle important dans la promotion de la justice environnementale, la Colombie et l'Afrique du Sud illustrent le fait que le pouvoir judiciaire peut également être un levier essentiel. En outre, un aspect essentiel des deux cas colombiens cités ci-dessus est la reconnaissance du droit des peuples autochtones à une consultation libre, préalable et informée, ce qui pourrait avoir des implications futures pour une participation plus large du public à la prise de décision en matière environnementale. Cela peut s'expliquer par le fait que la Colombie est signataire[14] de l'Accord d'Escazú, qui met en avant le rôle des instruments internationaux pour l'établissement des droits qui sont à la base de la justice environnementale.

Pour terminer, les exemples de l'Afrique du Sud, de la Corée du Sud et du Pérou mettent en évidence le rôle des pouvoirs législatifs, lesquels renforcent la protection de l'environnement en créant des normes juridiques qui identifient les droits des citoyens ainsi que les acteurs chargés de les faire respecter (PNUD, 2022[14]). Il n'existe pas de loi spécifique sur la justice environnementale, le principe de justice environnementale étant plutôt appliqué dans différentes législations environnementales élargies qui fournissent une base juridique pour traiter les questions concernées via la mise en œuvre de l'action publique et de la jurisprudence. Dans le cas de la Corée du Sud, par exemple, la base juridique fondée sur la Loi-cadre sur la politique environnementale a conduit à l'élaboration du Plan global pour la justice environnementale 2020-2024.

Ces actes législatifs reflètent les préoccupations locales spécifiques et accordent une importance variable aux différents aspects de la justice environnementale. Alors qu'en Afrique du Sud, l'émergence de la justice environnementale a coïncidé avec une vague de changements démocratiques et la nécessité de réparer l'héritage historique du racisme et de l'apartheid, en Corée du Sud, le processus a été motivé par la pollution industrielle et son impact sur la santé pendant la période de croissance économique rapide mais inégale sur le plan régional (OCDE, 2017[15]). L'accent mis par le Pérou sur les aspects procéduraux de la justice environnementale semble refléter la prise de conscience croissante de la nécessité de protéger les défenseurs de l'environnement dont l'activisme peut constituer une menace pour leur vie (Article 19, 2016[16]).

Encadré 3.1. Définitions de la justice environnementale aux États-Unis, en Colombie, en Afrique du Sud, en Corée du Sud et au Pérou

La comparaison des définitions utilisées dans les cinq pays qui déploient des approches juridiques pour faire progresser la justice environnementale illustre la manière dont celle-ci est conceptualisée dans la pratique. Toutes les définitions abordent la question de la justice environnementale distributive, tandis que certaines mettent également l'accent sur la justice environnementale procédurale et de reconnaissance. La définition du Pérou, par exemple, reconnaît le droit d'accès à la justice pour répondre à des préjudices de nature morale plutôt qu'économique.

En accord avec la définition d'origine de la justice environnementale, la nécessité de mesures correctives est explicite aux États-Unis (« héritage du racisme ») et en Corée du Sud (« compensation équitable des pertes »). En outre, si tous les pays font référence au public dans son ensemble (« chacun », « tous les citoyens », « toute personne »), certains identifient des catégories pertinentes. En particulier, les États-Unis mettent en avant « le revenu, l'origine ethnique, la couleur, la nationalité, l'appartenance tribale » et la Colombie évoque « l'origine ethnique, la couleur, la nationalité, la culture, l'éducation et le revenu ».

Les États-Unis et le décret 14096 (2023)

> *« le traitement équitable et la facilitation de la participation de chacun, sans distinction de revenu, d'ethnie, de couleur, de nationalité, d'appartenance tribale ou de handicap, au processus décisionnel des agences et aux autres activités fédérales qui ont une incidence sur la santé humaine et l'environnement, afin que les personnes soient totalement protégées contre les effets disproportionnés et néfastes sur la santé humaine et l'environnement (y compris les risques) et les dangers, y compris ceux liés au changement climatique, les impacts cumulatifs des charges environnementales et autres, et l'héritage du racisme ou d'autres obstacles structurels ou systémiques ; et bénéficient d'un accès équitable à un environnement sain, durable et résilient dans lequel vivre, jouer, travailler, apprendre, grandir, pratiquer son culte et s'engager dans des pratiques culturelles et de subsistance. »*

La Colombie et les décisions judiciaires (décision T-294 de 2014 et décision T-021 de 2019)

> *« le traitement équitable et la facilitation de la participation de chacun, indépendamment de son origine ethnique, de sa couleur, de sa nationalité, de sa culture, de son éducation ou de son revenu, à l'élaboration et au contrôle du respect des lois, règlements et politiques liés à l'environnement. »*
>
> *« La justice environnementale se compose de quatre éléments figurant dans la Constitution de 1991, qui ont également été compilés dans la jurisprudence constitutionnelle, à savoir : i) la justice distributive ; ii) la justice participative ; iii) le principe de durabilité ; et iv) le principe de précaution... la justice environnementale identifie les contextes d'injustice dans la répartition des bénéfices et des charges environnementaux. Pris ensemble, ces éléments montrent la voie à suivre pour rétablir la rupture de l'ordre équitable grâce à la participation des collectifs concernés et à l'organisation de mesures de compensation ou de réparation pour les charges supportées par l'écosystème et/ou l'environnement. Ces critères s'appliquent également à la mise en œuvre de mesures de protection environnementale qui entraînent une perturbation pour une communauté vulnérable. »*

L'Afrique du Sud et la loi nationale sur la gestion de l'environnement (1998)

> *« La justice environnementale doit être mise en œuvre afin que les incidences négatives sur l'environnement ne soient pas réparties de manière à créer une discrimination injuste à l'encontre de toute personne, en particulier les personnes vulnérables et désavantagées. »*

La Corée du Sud et la loi-cadre sur la politique environnementale, article 2 (modifié en 2019)

> *« L'État et les collectivités locales s'efforcent d'appliquer la justice environnementale en garantissant à tous les citoyens une participation importante à l'adoption ou à la modification des lois, règlements, ordonnances et règles en matière d'environnement ou à la formulation ou à la mise en œuvre des politiques, l'accès aux informations sur l'environnement, le partage équitable des bénéfices et des charges liés à l'environnement et la compensation équitable des pertes causées par la pollution de l'environnement ou des dommages causés à l'environnement. »*

Le Pérou et la loi générale sur l'environnement, article 4 (2005)

> *« Droit d'accès à la justice environnementale : toute personne a le droit à une action rapide, simple et efficace devant les entités administratives et juridictionnelles, en défense de l'environnement et de ses composantes, en assurant la protection de la santé des personnes individuellement et collectivement, la préservation de la biodiversité, l'utilisation durable des ressources naturelles, ainsi que la préservation du patrimoine culturel associé. Des actions en justice peuvent être intentées même dans les cas où l'intérêt économique du plaignant n'est pas impacté. L'intérêt moral légitime l'action même s'il ne se rapporte pas directement au plaignant ou à sa famille ».*

Source : (White House, 2023[3]), (Corte Constitucional de Colombia, 2014[17]), (Corte Constitucional de Colombia, 2019[18]), (Gouvernement de l'Afrique du Sud, 1998[8]), (Korea Legislation Research Institute, 2019[19]), (Ministère de l'Environnement du Pérou, 2005[12]).

3.3.2. Politiques et initiatives en matière de justice environnementale

Le Canada dispose actuellement d'un projet de loi[15] axé sur la justice environnementale. Des documents stratégiques connexes soulignent l'importance de la justice procédurale, de reconnaissance et distributive. Le projet de loi traite également en détail les inégalités dans l'exposition aux dommages environnementaux ainsi que la participation et l'engagement. De fait, une fois élaborée, la « stratégie de justice environnementale » du Canada vise à examiner le « lien entre l'ethnie, le statut socio-économique et l'exposition aux risques environnementaux » (Premier ministre du Canada, 2021[20]).

La réponse du Canada est moins détaillée en ce qui concerne l'impact distributif des politiques environnementales. Cette réponse indique que les responsables de l'action publique au Canada utilisent à cette fin l'« Analyse comparative entre les sexes (ACS) Plus », un outil qui prend en compte l'impact des politiques sur divers aspects géographiques, culturels et socio-économiques. L'outil ACS Plus, qui s'applique de manière générale à toutes les politiques, est comparable aux méthodologies d'analyse d'impact déployées dans d'autres pays.[16] Si les orientations standardisées pour l'évaluation des effets distributifs des politiques traitent de leurs effets inéquitables *ex ante*, il reste un potentiel pour des mesures de suivi qui préviennent les problèmes distributifs imprévus *ex post* ainsi que pour des mesures ciblées plus spécifiquement sur les effets environnementaux.

L'Agence allemande de l'environnement mène des recherches sur l'action publique et élabore des recommandations à l'intention des décideurs aux niveaux fédéral, étatique et municipal sur les méthodes permettant d'améliorer la justice environnementale dans diverses communes. Cette agence définit la justice environnementale comme « la réduction et l'évitement de la concentration socio-spatiale des charges environnementales liées à la santé et la garantie d'un accès équitable aux bénéfices environnementaux ». Cette approche est plus étroite car elle ne tient pas compte de la participation et de la mobilisation dans la politique de l'environnement, ni des effets distributifs des politiques environnementales.[17] L'approche de l'Agence allemande de l'environnement, cependant, illustre une application synergique des cadres existants, tels que l'amélioration de la planification et de la conservation, ou l'engagement à promouvoir la justice environnementale (Encadré 3.2).

Encadré 3.2. L'agence allemande de l'environnement sur la lutte contre l'exposition inéquitable aux dommages environnementaux dans les zones urbaines

L'Agence allemande de l'environnement cherche à remédier à l'exposition inéquitable aux dommages environnementaux dans un contexte urbain au moyen d'une utilisation holistique des mesures existantes telles que « [...] les concepts de développement urbain et de quartier, l'aménagement du paysage, la planification du développement du trafic routier, les procédures de participation, la gestion de quartier [...] ». Voici quelques exemples de moyens de promouvoir la justice environnementale en milieu urbain :

- **Pollution sonore due au trafic routier** : utilisation de solutions de réduction du bruit pour les revêtements routiers/les lignes de tramway paysagées, installation de fenêtres insonorisées, mise en place de limitations de vitesse.
- **Pollution atmosphérique et climat urbain** : mesures de contrôle du trafic routier, augmentation des espaces verts pour favoriser le refroidissement.
- **Qualité de l'air intérieur :** promotion de l'efficacité énergétique des rénovations.
- **Transport vert** : augmentation de l'attrait des transports publics, du vélo et de la marche.
- **Éducation à l'environnement et à la santé :** augmentation de l'exposition aux espaces verts, fourniture d'informations.

Cela ne signifie pas que la justice environnementale est nécessairement correctement abordée simplement parce qu'il existe une variété de politiques environnementales ciblées différemment, prises isolément les unes des autres. L'Agence allemande de l'environnement souligne plutôt le fait que les différents leviers qui ont un impact sur l'environnement urbain doivent être utilisés en synergie afin que l'effet global soit supérieur à la somme de ses parties.

Source : (Agence fédérale de l'Environnement, 2015[21]) (German Institute of Urban Affairs, s.d.[22])

Le bureau chilien de la transition sociale-écologique équitable définit la justice environnementale comme la « [...] répartition équitable des bénéfices et des charges environnementaux au sein de la société, notamment en ce qui concerne la protection des écosystèmes, la prévention de la pollution et l'atténuation des effets environnementaux [...] ». De fait, le gouvernement chilien est parfaitement conscient des inégalités dans la répartition des dommages environnementaux, puisqu'il a reconnu l'existence de territoires particulièrement vulnérables sur le plan environnemental, à savoir Huasco, Quintero-Puchuncaví et Coronel. Ces endroits sont appelés « zones de sacrifice » [18] en raison des niveaux élevés de pollution localisée et des risques environnementaux liés aux installations industrielles.

Les gouvernements écossais et mexicain utilisent explicitement l'expression « justice environnementale » et s'appuient sur des définitions similaires, fondées sur les droits. Alors que le premier met l'accent sur le droit négatif de ne pas vivre dans environnement de mauvaise qualité, le second insiste sur le droit positif à un environnement sain. En Écosse, bien qu'aucune définition standard ne soit utilisée, un récent rapport sur la gouvernance environnementale fait référence à la justice environnementale comme suit : « Il est important que chacun ait la possibilité de jouir d'une vie exempte de mauvaise qualité environnementale. Il est également important que les individus disposent de moyens facilement accessibles afin de garantir une bonne qualité environnementale pour eux-mêmes et leur communauté » (Gouvernement écossais, 2023[23]). Au Mexique, le secrétariat à l'Environnement et aux Ressources naturelles (SEMARNAT) définit la justice environnementale comme « l'obtention, dans des délais opportuns, d'une solution juridique à un conflit environnemental donné, en tenant compte du fait que chacun doit bénéficier des mêmes conditions d'accès à cette justice » (Secretaría de Medio Ambiente y Recursos Naturales, 2020[24]). Dans ces deux pays, une attention particulière est accordée à l'importance de l'engagement et de la participation, ce qui témoigne d'une volonté de mettre davantage l'accent sur la justice procédurale.

En Écosse, le « Report into Effectiveness of Governance Arrangements » (Rapport sur l'efficacité des dispositifs de gouvernance) met en avant le « Human Rights Bill » (projet de loi sur les droits de l'homme), qui reconnaît le droit à un environnement sain comme un droit de l'homme et améliore l'accès à la justice en offrant aux individus davantage de moyens de demander des comptes aux autorités publiques (Gouvernement écossais, 2023[23]). En outre, en 2016, le gouvernement écossais a lancé une consultation publique sur les développements en matière de justice environnementale *(ibid)*.[19] L'administration mexicaine actuelle met particulièrement l'accent sur la promotion de la participation des communautés et des groupes à risque, tels que les groupes indigènes et les Afro-Mexicains, dans le cadre de son « Programa de Procuración de Justicia Ambiental pour la période 2021-2024 » (Procuraduria Federal de Proteccion al Ambiente, Gobierno de México, 2021[25]).

3.4. Exemples d'approches indirectes dans différents pays

3.4.1. Ajout de protections et de garanties

Les réponses des pays classés comme ayant ajouté des protections et garanties dans le but de promouvoir la justice environnementale indiquent que leurs politiques, lois ou procédures ciblent généralement les groupes particulièrement vulnérables au lieu de se concentrer spécifiquement sur l'environnement. Par exemple, l'Angleterre est soumise à la Loi sur l'égalité (2010) du Parlement britannique, qui vise à réduire « [...] la discrimination et le harcèlement liés à certaines caractéristiques personnelles [...] »[20] (The National Archives, 2010[26]). Cette loi s'applique indirectement à différents domaines où des discriminations pourraient survenir, y compris dans le cadre de l'élaboration de la politique environnementale. Par exemple, les orientations officielles relatives à l'évaluation des politiques (le Livre vert) exigent que toutes les évaluations d'impact tiennent dûment compte de la Loi sur l'égalité (Gouvernement du Royaume-Uni, 2022[27]). Bien que la justice environnementale ne soit pas directement visée, cela témoigne d'une reconnaissance approfondie des situations dans lesquelles certains groupes sont plus vulnérables et fournit un cadre juridique supplémentaire pour répondre à leurs besoins.

Dans la même optique, la méthode d'analyse d'impact de la réglementation (« AIR ») de la Suisse témoigne d'une prise en compte approfondie de l'impact des politiques sur des groupes spécifiques (State Secretariat for Economic Affairs, 2022[28]). Bien que la Suisse, dans sa réponse, identifie le traitement équitable de tous les groupes comme un principe normatif directeur, elle reconnaît la nécessité d'atténuer les inégalités et d'empêcher qu'elles ne se renforcent. Par exemple, le troisième point de contrôle de la méthodologie « RFA » de la Suisse demande explicitement « [...] quel est l'impact (coûts, bénéfices, effets distributifs) de la proposition sur les groupes sociaux individuels ? ». La méthodologie RFA cite notamment l'éducation, l'emploi, les salaires et les conditions de travail, ce qui témoigne d'une focalisation moindre sur des catégories telles que l'ethnie ou le genre, en faveur de l'identification des groupes vulnérables sur le plan socio-économique. Cette divergence de focalisation entre la Suisse et, par exemple, les gouvernements américain ou canadien, est peut-être liée aux origines historiques différentes de la justice environnementale en Amérique du Nord. La Suisse offre un exemple d'approche qui, sans viser directement la justice environnementale, assure la protection des groupes vulnérables grâce à des garanties procédurales supplémentaires.

L'analyse d'impact de la réglementation de la Nouvelle-Zélande prévoit des garanties supplémentaires afin de tenir compte de l'impact sur l'équité et des effets disproportionnés sur les différents groupes de population. Cette reconnaissance de la vulnérabilité de certaines communautés se traduit également dans les exigences de consultation des Māoris, prévues par de nombreux textes législatifs sur l'environnement, y compris les déclarations de politique nationale relevant de la Loi sur la gestion des ressources de 1991.

En outre, les Māoris doivent être consultés ou impliqués dans les processus de planification locaux par l'administration locale. Afin de renforcer cette obligation, le ministère de l'Environnement s'est récemment engagé à « refléter le traité de Waitangi[21] dans la prise de décision en matière environnementale » dans ses intentions stratégiques pour la période 2023-2027 (Ministère de l'Environnement, 2023[29]). Les jeunes constituent un autre groupe pris en compte dans le processus d'élaboration des politiques environnementales en Nouvelle-Zélande : un groupe consultatif de jeunes sur le changement climatique contribue au développement continu du deuxième plan de réduction des émissions, en soutenant la conception de mesures d'engagement et en participant à l'élaboration des politiques.

Bien qu'elle n'utilise pas explicitement l'expression « justice environnementale », la France reconnaît l'existence d'« inégalités environnementales » et admet que certaines parties de la population peuvent être davantage exposées aux risques environnementaux. Pour réduire ces risques, les « plans nationaux et régionaux de santé environnementale » ont été mis en place pour « [...] mieux prendre en compte le concept d'*exposome* (voir également la section 2.4.1 du chapitre 2), c'est-à-dire l'ensemble des expositions aux risques environnementaux tout au long de la vie, avec une attention particulière pour les populations à risque ou les plus exposées ». Les impacts différenciés sur les groupes vulnérables sont également mentionnés dans un rapport de France Stratégie, lequel conclut que les jeunes vivant dans les grandes villes et les personnes confrontées à des taux de chômage et de pauvreté plus élevés dans les régions rurales et les anciennes régions industrielles sont particulièrement exposés à la pollution (Fosse, Salesse et Viennot, 2022[30]). L'administration française note également que l'« équité environnementale » est utilisée comme principe directeur lors du choix des instruments politiques et que le genre, le handicap et le jeune âge sont des éléments à prendre en compte lors de l'élaboration des politiques, ce qui témoigne d'une certaine réflexion sur les effets distributifs des mesures d'action publique.

3.4.2. Garantie des droits

La plupart des pays disposent de cadres législatifs et politiques (souvent dans le contexte des droits environnementaux ou des droits de recours contre les décisions des organismes publics) qui fournissent une base de protection pour la réponse aux préoccupations de justice environnementale. Par exemple, l'article 2(a) de la « Loi organique sur l'environnement du Costa Rica », numéro 7554, déclare que « [...] l'environnement est le patrimoine commun de tous les habitants de la nation et que, par conséquent, tant au niveau institutionnel (du pouvoir exécutif) qu'au niveau juridictionnel, les citoyens ont droit à un traitement égal [...] » (General Attorney of the Republic, 1995[31]). Par ailleurs, le gouvernement du Costa Rica cite l'égalité des personnes devant la loi et leur droit à la non-discrimination (article 33 de sa Constitution), comme un exemple de la protection qui s'applique aux groupes potentiellement vulnérables.

Dans la même optique, le gouvernement croate, dans l'article 38.4 de sa Constitution, protège le droit des citoyens à accéder à l'information, ce qui constitue une protection de base pour l'aspect procédural de la justice environnementale. Il convient de noter que la protection constitutionnelle des droits, bien qu'elle ne soit pas spécifiquement ciblée, constitue une base solide pour le développement d'une protection plus ciblée de la justice environnementale. Parallèlement, l'accent mis par le Japon sur la prévention d'une charge inéquitable vise à garantir une protection étendue et des solutions rapides grâce à des mécanismes institutionnalisés qui ont été progressivement renforcés dans un contexte de croissance industrielle rapide (Encadré 3.3).

Encadré 3.3. L'approche préventive de la justice environnementale au Japon

Mécanismes institutionnels visant à prévenir une charge environnementale disproportionnée

Même si l'expression « justice environnementale » n'est pas utilisée, la réponse du Japon met l'accent sur la prévention des inégalités dans l'exposition aux dommages environnementaux. Le Conseil central de l'environnement (CCE), créé en 2001, est l'un des principaux mécanismes institutionnels permettant d'anticiper et d'atténuer les conséquences involontaires des politiques. Le CEC est un groupe comptant jusqu'à 30 membres composé d'experts universitaires, de représentants des autorités locales, d'associations sectorielles, de syndicats et d'autres représentants de la société civile, qui se réunit régulièrement pour examiner la nouvelle politique environnementale et en délibérer. Une attention particulière est accordée à la présence de représentants des groupes concernés par la politique. Ces délibérations constituent la base sur laquelle les projets de loi sont rédigés et examinés par la Diète (pouvoir législatif).

Renforcement progressif des mécanismes de prévention et des solutions permettant de résoudre rapidement les problèmes de « *kogai* »

L'article 2(3) de la loi fondamentale sur l'environnement (1993) définit la pollution environnementale, appelée collectivement *kogai* (littéralement « nuisance publique ») comme « la pollution de l'air, la pollution de l'eau [...], la contamination du sol, le bruit, les vibrations, la subsidence du sol et les odeurs nauséabondes » qui touchent « une zone étendue en raison d'activités commerciales et d'autres activités humaines et provoquent des dommages pour la santé humaine ou l'environnement » (Ministère de l'Environnement, 1993[32]). Il est important de noter que même s'il n'y a qu'une seule victime, on considère que la pollution touche une « zone étendue » dès lors que sa dispersion géographique est identifiable ou anticipée (Ministère des Affaires Intérieures et des Communications, n.d.[33]).

L'approche préventive du Japon est profondément enracinée dans l'augmentation de la pollution qui a accompagné sa croissance économique rapide à partir des années 1950. Alors que les poursuites civiles étaient le principal moyen de résoudre les litiges liés à la pollution, elles étaient insuffisantes pour soulager les victimes et limitaient la résolution rapide et appropriée des litiges environnementaux. Cela s'explique par la difficulté à prouver la relation de cause à effet entre la source de la pollution et les préjudices, par le coût élevé des litiges et par le temps considérable nécessaire pour que le jugement soit définitif (Ministre des Affaires générales et des Communications, s.d.[34]). Dans ce contexte, afin d'assurer une résolution rapide et appropriée des litiges liés à la pollution, le gouvernement a mis en place, dans chaque préfecture, des Commissions d'Examen de la Pollution et, au niveau du gouvernement national, la Commission de Coordination des Litiges Environnementaux, pour traiter les litiges environnementaux, en plus du règlement judiciaire par les tribunaux, sur la base de la Loi sur le Règlement des Litiges de Pollution Environnementale. Ces Commissions sont indépendantes dans la résolution des litiges selon leurs juridictions respectives, mais coopèrent entre elles par l'échange d'informations pour assurer le bon fonctionnement du système. En plus de ces organisations, chaque préfecture et municipalité dispose de son propre bureau de consultation des plaintes environnementales pour la résolution rapide et appropriée des plaintes environnementales (Ministère des Affaires Intérieures et des Communications, n.d.[33]). Ainsi, le gouvernement a pris la responsabilité de répondre de manière proactive aux dommages environnementaux, ce qui a conduit à une approche de plus en plus préventive au fil du temps.

Pour les problèmes de grande envergure, le gouvernement national s'est engagé à soutenir les gouvernements locaux. À titre d'exemple marquant, citons notamment le déversement illégal de déchets industriels toxiques sur l'île de *Teshima*, qui a entraîné une contamination des sols et des nappes phréatiques par des substances nuisibles à la fin des années 1970 (Takatsuki, 2003[35]). Le gouvernement national a mis en place des mesures de soutien aux autorités locales en assurant un rôle de liaison entre les autorités locales et les résidents locaux via des procédures de médiation et des changements nécessaires de législature, ainsi qu'en mettant à disposition des fonds publics pour le traitement des déchets.

3.5. Principaux éclairages

La plupart des pays ne ciblent pas directement la justice environnementale en tant que telle, mais ils le font indirectement en passant par différentes autres mesures connexes. La manière dont les pays traitent directement la question de la justice environnementale varie également, avec une possible implication des pouvoirs exécutif, législatif et judiciaire. De même, les approches indirectes de la justice environnementale diffèrent ; certains pays protègent la justice environnementale en garantissant les droits à tous, tandis que d'autres offrent une protection supplémentaire aux groupes vulnérables au moyen de garanties telles qu'une législation anti-discrimination ou des méthodologies d'analyse d'impact détaillées.

Les approches fondées sur les droits constituent une base de référence importante, prenant la forme de droits procéduraux et substantiels qui sont importants pour vivre dans un environnement sain. Il peut s'agir du droit à une égale protection de la loi, du droit de participer à la conduite du gouvernement et des affaires publiques, ainsi que du droit de solliciter, de recevoir et de communiquer des informations. Si le cas de la Colombie montre comment ces approches peuvent être utilisées pour protéger la justice environnementale, ce processus comprend une étape intermédiaire : le pouvoir judiciaire. Dans ces conditions, le droit de bénéficier d'une protection supplémentaire implique qu'un grief ait déjà été formulé, et il existe souvent des obstacles à l'engagement dans de telles procédures juridiques. Des mesures supplémentaires pourraient consister à promouvoir la justice environnementale *ex ante,* par exemple au moyen de politiques, d'initiatives ou de lois plus ciblées impliquant une obligation positive de renforcer la protection de la justice environnementale. Il pourrait également s'agir d'établir et de renforcer la base juridique permettant de rectifier les pratiques existantes considérées comme injustes (Agyeman, Bullard et Evans, 2002[36]).

Il existe une relation claire entre les approches directes de la justice environnementale et la couverture détaillée des trois aspects importants de la justice environnementale. Les pays qui déploient des approches directes prennent en compte les trois dimensions de la justice environnementale et le font de manière plus détaillée. Les pays qui déploient des approches indirectes ont tendance à prendre en compte les préoccupations de justice environnementale de manière plus générale, au moyen de mesures moins ciblées.

Une autre observation clé tirée de cette analyse est que l'accent est largement mis sur les inégalités dans l'exposition aux risques et aménités environnementaux, ainsi que sur les obstacles à l'information et à la participation à la prise de décision en matière environnementale. Cependant, la prise en compte des inégalités dans la répartition des coûts et des bénéfices de la politique environnementale est une quasi zone d'ombre dans les approches nationales de la justice environnementale.

Références

Agence fédérale de l'Environnement (2015), *Environmental justice in urban areas - development of practically oriented strategies and measures to reduce socially unequal distribution of environmental burdens*, https://www.umweltbundesamt.de/sites/default/files/medien/378/publikationen/umwelt_und_gesundheit_01_2015_summary.pdf. [21]

Agencia Peruana de Noticias (2018), *Justicia Ambiental: estos son los 10 compromisos del Pacto en Madre de Dios*, https://andina.pe/agencia/noticia-justicia-ambiental-estos-son-los-10-compromisos-del-pacto-madre-dios-696792.aspx (consulté le 23 April 2024). [47]

Agyeman, J., R. Bullard et B. Evans (2002), « Exploring the Nexus: Bringing together sustainability, environmental justice and equity », *Space and Polity*, vol. 6/1, https://doi.org/10.1080/13562570220137907. [36]

Article 19 (2016), *A Deadly Shade of Green. Threats to Environmental Human Rights Defenders in Latin America*, https://www.article19.org/data/files/Deadly_shade_of_green_A5_72pp_report_hires_PAGES_PDF.pdf. [16]

Conseil des droits de l'homme des Nations Unies (2022), *The right to a clean, healthy and sustainable environment: non-toxic environment*, https://documents-dds-ny.un.org/doc/UNDOC/GEN/G22/004/48/PDF/G2200448.pdf?OpenElement. [40]

Corte Constitucional de Colombia (2019), *Sentencia T-021/19*, https://www.corteconstitucional.gov.co/relatoria/2019/T-021-19.htm (consulté le 23 April 2024). [18]

Corte Constitucional de Colombia (2014), *Sentencia T-294/14*, https://www.corteconstitucional.gov.co/relatoria/2014/t-294-14.htm (consulté le 23 April 2024). [17]

Department of Forestry, Fisheries and the Environment (1998), *White Paper on Environmental Management Policy for South Africa*, https://www.dffe.gov.za/sites/default/files/legislation/2023-09/environemntal_management_0.pdf. [7]

Fairburn, J., G. Walker et G. Smith (2005), *Investigating environmental justice in Scotland: links between measures of environmental quality and social deprivation*, https://eprints.staffs.ac.uk/1828/1/1828.pdf. [39]

Fosse, J., C. Salesse et M. Viennot (2022), *Inégalités environnementales et sociales se superposent-elles ?*, https://www.strategie.gouv.fr/publications/inegalites-environnementales-sociales-se-superposent. [30]

General Attorney of the Republic (1995), *Ley Orgánica del Ambiente*, http://www.pgrweb.go.cr/SCIJ/Busqueda/Normativa/Normas/nrm_texto_completo.aspx?param1=NRTC&nValor1=1&nValor2=27738&nValor3=93505&strTipM=TC. [31]

German Institute of Urban Affairs (s.d.), *Environmental Justice Toolbox*, https://www.toolbox-umweltgerechtigkeit.de/instrumente (consulté le 23 April 2024). [22]

Gouvernement de l'Afrique du Sud (1998), *National Environmental Management Act 107 of 1998*, https://www.gov.za/documents/national-environmental-management-act (consulté le 23 April 2024). [8]

Gouvernement de l'Afrique du Sud (1996), *Constitution of the Republic of South Africa*, https://www.gov.za/documents/constitution/constitution-republic-south-africa-1996-04-feb-1997 (consulté le 23 April 2024). [6]

Gouvernement de la Colombie (2023), *Bases del Plan Nacional de Desarrollo 2022-2026*, https://colaboracion.dnp.gov.co/CDT/portalDNP/PND-2023/2023-02-23-bases-plan-nacional-de-desarrollo-web.pdf. [5]

Gouvernement du Royaume-Uni (2022), *The Green Book*, https://www.gov.uk/government/publications/the-green-book-appraisal-and-evaluation-in-central-government/the-green-book-2020 (consulté le 23 April 2024). [27]

Gouvernement écossais (2023), *Environmental governance arrangements: report*, https://www.gov.scot/publications/report-effectiveness-environmental-governance-arrangements/ (consulté le 23 April 2024). [23]

Hall, J. et P. Lukey (2023), « Public participation as an essential requirement of the environmental rule of law: Reflections on South Africa's approach in policy and practice », *African Human Rights Law Journal*, pp. 303-332, https://doi.org/10.17159/1996-2096/2023/v23n2a4. [9]

HM Treasury (2022), *The Green Book*, https://www.gov.uk/government/publications/the-green-book-appraisal-and-evaluation-in-central-government/the-green-book-2020 (consulté le 23 April 2024). [41]

Knox, J. (2020), *Constructing the human right to a healthy environment*, https://doi.org/10.1146/annurev-lawsocsci-031720-074856. [38]

Korea Legislation Research Institute (2019), *Framework Act on Environmental Policy*, https://elaw.klri.re.kr/eng_mobile/viewer.do?hseq=62237&type=sogan&key=16 (consulté le 23 April 2024). [19]

Korea Legislation Research Institute (2008), *Environmental Health Act*, https://elaw.klri.re.kr/eng_mobile/viewer.do?hseq=56206&type=part&key=36 (consulté le 23 April 2024). [11]

Lewis, B. (2012), « Human Rights and Environmental Wrongs: Achieving Environmental Justice through Human Rights Law », *International Journal for Crime, Justice and Social Democracy*, vol. 1/1, https://doi.org/10.5204/ijcjsd.v1i1.69. [1]

Ministère de l'Environnement (2023), *Strategic intentions (2023-2027). He takunetanga rautaki 2023–2027*, https://environment.govt.nz/assets/publications/strategic-intentions-2023-27.pdf. [29]

Ministère de l'Environnement (2019), *The 5th Comprehensive Plan for National Environment (2020-2040)*, https://www.me.go.kr/home/web/policy_data/read.do?menuId=10259&seq=7448 (consulté le 23 April 2024). [10]

Ministère de l'Environnement (1993), *The Basic Environment Law Chapter 1*, https://www.env.go.jp/en/laws/policy/basic/ch1.html (consulté le 23 April 2024). [32]

Ministère de l'Environnement du Pérou (2005), *Ley General del Ambiente*, https://www.minam.gob.pe/wp-content/uploads/2017/04/Ley-N%C2%B0-28611.pdf. [12]

Ministère de l'Intérieur, Gouvernement de la Colombie (2022), *Decreto 1535 – 04 agosto 2022 – para adoptar la Política Pública de Participación Ciudadana, y se dictan otras disposiciones*, https://www.mininterior.gov.co/normativas/decreto-1535-04-agosto-2022-para-adoptar-la-politica-publica-de-participacion-ciudadana-y-se-dictan-otras-disposiciones/ (consulté le 23 April 2024). [49]

Ministère de la Justice (2023), *Te Tiriti o Waitangi - Treaty of Waitangi*, https://www.justice.govt.nz/about/learn-about-the-justice-system/how-the-justice-system-works/the-basis-for-all-law/treaty-of-waitangi/. [42]

Ministère des Affaires Intérieures et des Communications (n.d.), *Kogai Towa*, https://www.soumu.go.jp/kouchoi/knowledge/how/e-dispute.html (consulté le 23 April 2024). [33]

Ministre des Affaires générales et des Communications (s.d.), *Environmental Dispute Coordination Commission*, https://www.soumu.go.jp/kouchoi/english/ (consulté le 23 April 2024). [34]

Ministry of Environment of Peru (2021), *Protocolo sectorial para la protección de las personas defensoras ambientales*, https://cdn.www.gob.pe/uploads/document/file/2037171/RM.%20134-2021-MINAM%20con%20anexo%20Protocolo%20Sectorial.pdf.pdf?v=1627231168. [13]

OCDE (2017), *OECD Environmental Performance Reviews: Korea 2017*, Examens environnementaux de l'OCDE, Éditions OCDE, Paris, https://doi.org/10.1787/9789264268265-en. [15]

Parlement du Canada (2023), *Loi concernant l'élaboration d'une stratégie nationale visant à évaluer et prévenir le racisme environnemental ainsi qu'à s'y attaquer et à faire progresser la justice environnementale*, https://www.parl.ca/legisinfo/fr/projet-de-loi/44-1/c-226 (consulté le 23 April 2024). [46]

PNUD (2022), *Environmental Justice: securing our right to a clean, healthy and sustainable environment*, https://www.undp.org/publications/environmental-justice-securing-our-right-clean-healthy-and-sustainable-environment. [14]

Poder Judicial del Perú (s.d.), *Pacto de Madre de Dios por la Justicia Ambiental*, https://www.pj.gob.pe/wps/wcm/connect/ambiente/others/as_justicia/as_pacto_md (consulté le 23 April 2024). [45]

Poder Judicial del Perú (s.d.), *Poder Judicial Crea Observatorio de Justicia Ambiental*, https://www.pj.gob.pe/wps/wcm/connect/ambiente/s_amb_prin/as_noticias/cs_n_observatorio_ambiental (consulté le 23 April 2024). [44]

Poustie, M. (2004), *Environmental justice in SEPA's environmental protection activities: a report for the Scottish Environment Protection Agency*, https://www.sepa.org.uk/media/163177/environmental_justice.pdf. [37]

Premier ministre du Canada (2021), *Minister of Environment and Climate Change Mandate Letter*, https://www.pm.gc.ca/en/mandate-letters/2021/12/16/minister-environment-and-climate-change-mandate-letter (consulté le 23 April 2024). [20]

Présidence de la République, Gouvernement de la Colombie (2023), *Con llamado al Congreso para que se comprometa con pilares de justicia ambiental y social, Presidente Petro instaló nueva legislatura*, https://petro.presidencia.gov.co/prensa/Paginas/Con-llamado-al-Congreso-para-que-se-comprometa-con-pilares-de-justicia-ambi-230720.aspx (consulté le 23 April 2024). [50]

Procuraduria Federal de Proteccion al Ambiente, Gobierno de México (2021), *Programa de Procuración de Justicia Ambiental 2021 2024*, https://www.gob.mx/profepa/documentos/programa-de-procuracion-de-justicia-ambiental-2021-2024 (consulté le 23 April 2024). [25]

Programme des Nations Unies pour le développement (2022), *Environmental Justice: Securing our right to a clean, healthy and sustainable environment*, https://www.undp.org/sites/g/files/zskgke326/files/2022-06/Environmental-Justice-Technical-Report.pdf. [2]

SAFLII (2022), *Sustaining the Wild Coast NPC and Others v Minister of Mineral Resources and Energy and Others (3491/2021) [2022] ZAECMKHC 55; 2022 (6) SA 589 (ECMk) (1 September 2022)*, https://www.saflii.org/za/cases/ZAECMKHC/2022/55.html. [43]

Secretaría de Medio Ambiente y Recursos Naturales (2020), *Programa Sectorial de Medio Ambiente y Recursos Naturales 2020-2024*, https://www.gob.mx/cms/uploads/attachment/file/566832/PROMARNAT-2020-2024.pdf. [24]

State Secretariat for Economic Affairs (2022), *Regulatory Impact Assessment - Checklist*, https://www.seco.admin.ch/seco/de/home/Publikationen_Dienstleistungen/Publikationen_und_Formulare/Regulierung/regulierungsfolgenabschaetzung/hilfsmittel/checkliste-rfa.html (consulté le 23 April 2024). [28]

Takatsuki, H. (2003), « The Teshima Island industrial waste case and its process towards resolution », *Journal of Material Cycles and Waste Management*, vol. 5/1, https://doi.org/10.1007/s101630300005. [35]

The National Archives (2010), *Equality Act 2010*, https://www.legislation.gov.uk/ukpga/2010/15/introduction (consulté le 23 April 2024). [20]

United States Environmental Protection Agency (2023), *Summary of Executive Order 12898 - Federal Actions to Address Environmental Justice in Minority Populations and Low-Income Populations | US EPA.*, https://www.epa.gov/laws-regulations/summary-executive-order-12898-federal-actions-address-environmental-justice#:~:text=for%20all%20communities.-,E.O.,strategy%20for%20implementing%20environmental%20justice. (consulté le 23 April 2024). [4]

White House (2024), *Biden-□Harris Administration Finalizes Reforms to Modernize Environmental Reviews, Accelerate America's Clean Energy Future, Simplify the Process to Rebuild our Nation's Infrastructure, and Strengthen Public Engagement*, https://www.whitehouse.gov/ceq/news-updates/2024/04/30/biden-harris-administration-finalizes-reforms-to-modernize-environmental-reviews-accelerate-americas-clean-energy-future-simplify-the-process-to-rebuild-our-nations-infrastructure/ (consulté le 13 May 2024). [51]

White House (2023), *Executive Order on Revitalizing Our Nation's Commitment to Environmental Justice for All*, https://www.whitehouse.gov/briefing-room/presidential-actions/2023/04/21/executive-order-on-revitalizing-our-nations-commitment-to-environmental-justice-for-all/ (consulté le 23 April 2024). [3]

White House (1994), *Executive Order 12898 of February 11, 1994 Federal Actions To Address Environmental Justice in Minority Populations and Low-Income Populations*, https://www.archives.gov/files/federal-register/executive-orders/pdf/12898.pdf. [48]

Notes

[1] Il s'agit des éléments suivants : (i) la répartition de l'exposition aux risques environnementaux et de l'accès aux aménités, (ii) la répartition des coûts et des bénéfices des politiques environnementales et (iii) la participation à la prise de décision en matière environnementale et l'accès à la justice et à l'information.

[2] Les réponses de huit pays et de la Commission européenne mentionnaient explicitement les transitions justes.

[3] Cela est illustré par le fait qu'il existe déjà d'innombrables précédents dans lesquels les tribunaux nationaux se sont prononcés sur les droits environnementaux dans le monde entier (Knox, 2020[38]).

[4] Il existe également un nouveau règlement sur l'évaluation des impacts environnementaux qui intègre expressément les considérations de justice environnementale (White House, 2024[51]).

[5] Décret 14096, *Revitalizing Our Nation's Commitment to Environmental Justice for All* (White House, 2023[3]).

[6] Décret 12898, *Federal Actions to Address Environmental Justice in Minority Populations and Low-Income Populations* (White House, 1994[48]).

[7] Voir l'arrêt T-021/19 (Corte Constitucional de Colombia, 2014[17]).

[8] Voir l'arrêt T-021/19 (Corte Constitucional de Colombia, 2019[18]).

[9] Voir le décret 1535 du 4 août 2022 (Ministère de l'Intérieur, Gouvernement de la Colombie, 2022[49]).

[10] Cependant, la recherche documentaire complémentaire a révélé que le président colombien s'est récemment engagé à établir - par le biais du législateur - des mesures ancrées dans deux piliers fondamentaux : la justice sociale et la justice environnementale. Voir (Présidence de la République, Gouvernement de la Colombie, 2023[50]).

[11] Sustaining the Wild Coast NPC et autres contre le ministère des Ressources minérales et de l'énergie et autres (3491/2021) [2022] ZAECMKHC 55 ; 2022 (6) SA 589 (SAFLII, 2022[43]).

[12] La Constitution sud-africaine reconnaît 11 langues. L'isiZulu ou l'isiXhosa sont des langues couramment parlées dans les communautés concernées.

[13] Des recherches documentaires ont montré qu'en 2017, le pouvoir judiciaire péruvien a lancé la « Charte Madre de Dios pour la justice environnementale au Pérou », signée notamment par le ministère de l'Environnement et des organisations civiles, ce qui vient souligner l'importance accordée par le Pérou à l'aspect procédural de la justice environnementale. Cette charte contient des engagements visant à renforcer la reconnaissance constitutionnelle et juridique des droits environnementaux et à faciliter l'accès à la justice environnementale, notamment grâce à la création d'un observatoire de la justice environnementale, une plateforme en ligne rassemblant des informations statistiques sur les affaires, la jurisprudence et les réglementations liées à l'environnement (Poder Judicial del Perú, s.d.[45] ; Agencia Peruana de Noticias, 2018[47] ; Poder Judicial del Perú, s.d.[44]).

[14] Certain pays ont signé mais n'ont pas ratifié l'Accord. L'Accord d'Escazú a été signé par 24 pays et ratifié par 16 pays au 13 mai 2024.

[15] Voir le projet de loi d'initiative parlementaire C-226 (44-1) intitulé : « Loi concernant l'élaboration d'une stratégie nationale visant à évaluer et prévenir le racisme environnemental ainsi qu'à s'y attaquer et à faire progresser la justice environnementale » (Parlement du Canada, 2023[46]).

[16] Comme la « Liste de contrôle RFA » en Suisse (State Secretariat for Economic Affairs, 2022[28]) et le « Livre vert » au Royaume-Uni (HM Treasury, 2022[41]).

[17] Cela étant, cette focalisation plus étroite peut s'expliquer par le fait que c'est l'Agence allemande de l'environnement qui a répondu à l'enquête, et non l'administration nationale.

[18] Bien que cette expression ait été initialement utilisée pour décrire les zones devenues inhabitables à la suite d'expérimentations nucléaires, elle peut désormais s'appliquer à tous les « endroits où les niveaux de pollution et de contamination sont tels qu'ils entraînent des effets dévastateurs sur la santé physique et mentale des résidents, ainsi que des violations des droits de l'homme de ces derniers », et des zones de ce type ont également été identifiées en Roumanie, en Zambie, aux États-Unis et au Canada (Conseil des droits de l'homme des Nations Unies, 2022[40]).

[19] En outre, des travaux de recherche documentaire ont permis d'identifier plusieurs rapports pertinents sur la justice environnementale, commandés par les organismes publics écossais. Voir les références suivantes : (Fairburn, Walker et Smith, 2005[39]), (Pouctio, 2004[37]).

[20] La « Loi sur l'égalité » s'applique en Angleterre, en Écosse, au Pays de Galles et en Irlande du Nord. Bien que le Pays de Galles et l'Irlande du Nord n'aient pas communiqué de réponses distinctes à l'enquête de l'OCDE, plusieurs principes énoncés dans la réponse anglaise s'appliquent également à leur situation.

[21] Le Te Tiriti o Waitangi (« traité de Waitangi ») est un accord conclu en 1840 entre la Couronne britannique et les chefs Māoris (Ministère de la Justice, 2023[42]).

4 Identification, évaluation et résolution des préoccupations de justice environnementale

Ce chapitre aborde les mesures et les outils spécifiques qui permettent aux pays d'identifier et d'évaluer les préoccupations de justice environnementale et d'y répondre, en s'appuyant sur les résultats de l'enquête de l'OCDE sur la justice environnementale. Il présente tout d'abord des conclusions sur la manière dont les pays identifient les communautés, les groupes et les régions vulnérables aux problèmes de justice environnementale. Ce chapitre décrit ensuite la manière dont ces préoccupations sont évaluées, en illustrant la variété des outils et méthodologies qualitatifs et quantitatifs disponibles. Diverses mesures visant à promouvoir la justice environnementale sont ensuite examinées. Enfin, ce chapitre met en évidence les défis communs auxquels sont confrontés les pays pour ce qui est d'évaluer et de traiter les préoccupations environnementales.

4.1. Identification des préoccupations de justice environnementale

Il ressort de la littérature existante sur la justice environnementale que certains groupes et communautés sont ou pourraient être exposés de manière disproportionnée aux risques environnementaux, souffrir d' impacts négatifs sur la santé ou être touchés par les politiques environnementales. Ces communautés et ces groupes peuvent également être confrontés à des obstacles spécifiques en matière de participation à la prise de décision dans le domaine de l'environnement, d'accès à l'information dans ce même domaine et de recours judiciaire. Cette section examine si et comment les pays identifient les communautés et les groupes exposés au risque d'injustice environnementale, en s'appuyant sur les questions ci-après :

> *Les pays identifient-ils ou non les communautés et les groupes spécifiques à risque ;*
>
> *Quelles sont les caractéristiques considérées comme pertinentes pour l'identification des communautés et des groupes à risque et quelles données interviennent dans cette identification () ;*
>
> *Existe-t-il des régions où certaines communautés et certains groupes peuvent être particulièrement exposés à des préoccupations de justice environnementale.*

4.1.1. Identification des communautés et des groupes à risque

L'écrasante majorité des pays identifient les communautés et les groupes à risque, bien qu'environ la moitié d'entre eux le fassent au sens large, plutôt que dans le contexte spécifique de l'environnement et des politiques environnementales. Les catégories considérées pour identifier les groupes et les communautés à risque sont diverses et se rapportent à la fois à des caractéristiques démographiques (âge, genre, origine ethnique) et spatiales (type de municipalité, proximité de certains risques environnementaux).

Certaines caractéristiques sont considérées comme pertinentes par la plupart des pays, notamment le manque d'accès aux services publics essentiels (Graphique 4.1), ce qui peut refléter l'importance fondamentale de l'accessibilité aux services publics en tant que condition préalable à l'équité. Par exemple, le manque d'accès aux soins de santé auquel sont confrontées certaines communautés vivant dans des zones reculées, comme les Premières Nations d'Australie, peut les empêcher de chercher des mesures correctives à l'exposition à des extrêmes environnementaux tels que les vagues de chaleur ou les inondations (Mathew et al., 2023[1]). De nombreuses études indiquent que des résultats environnementaux inéquitables coïncident souvent avec le dénuement économique. Il n'est donc pas surprenant que le niveau de revenu soit une caractéristique largement prise en compte dans de nombreux pays. L'âge est également souvent considéré comme un facteur pertinent. L'attention portée à l'âge peut être attribuée à la vulnérabilité particulière des enfants et des personnes âgées aux risques environnementaux tels que la pollution atmosphérique (Simoni et al., 2015[2] ; Landrigan, Rauh et Galvez, 2010[3]).[1]

En outre, le manque d'accès aux aménagements environnementaux, la santé et le handicap ainsi que le secteur professionnel sont pris en compte dans les différents pays. Par exemple, la recherche témoigne clairement que les aménagements environnementaux jouent un rôle important dans l'atténuation des risques environnementaux (Massimo et Mannucci, 2018[4]). Il est intéressant de noter que le genre est également un critère mentionné dans plus de la moitié des pays. La littérature existante souligne que certains enjeux spécifiques au genre, notamment les effets sur la santé maternelle de l'exposition à des produits chimiques, peuvent également recouper les préoccupations en matière de justice environnementale (Giudice et al., 2021[5] ; Butler, Gripper et Linos, 2022[6]).

Graphique 4.1. Caractéristiques pertinentes en matière d'identification des communautés et des groupes à risque

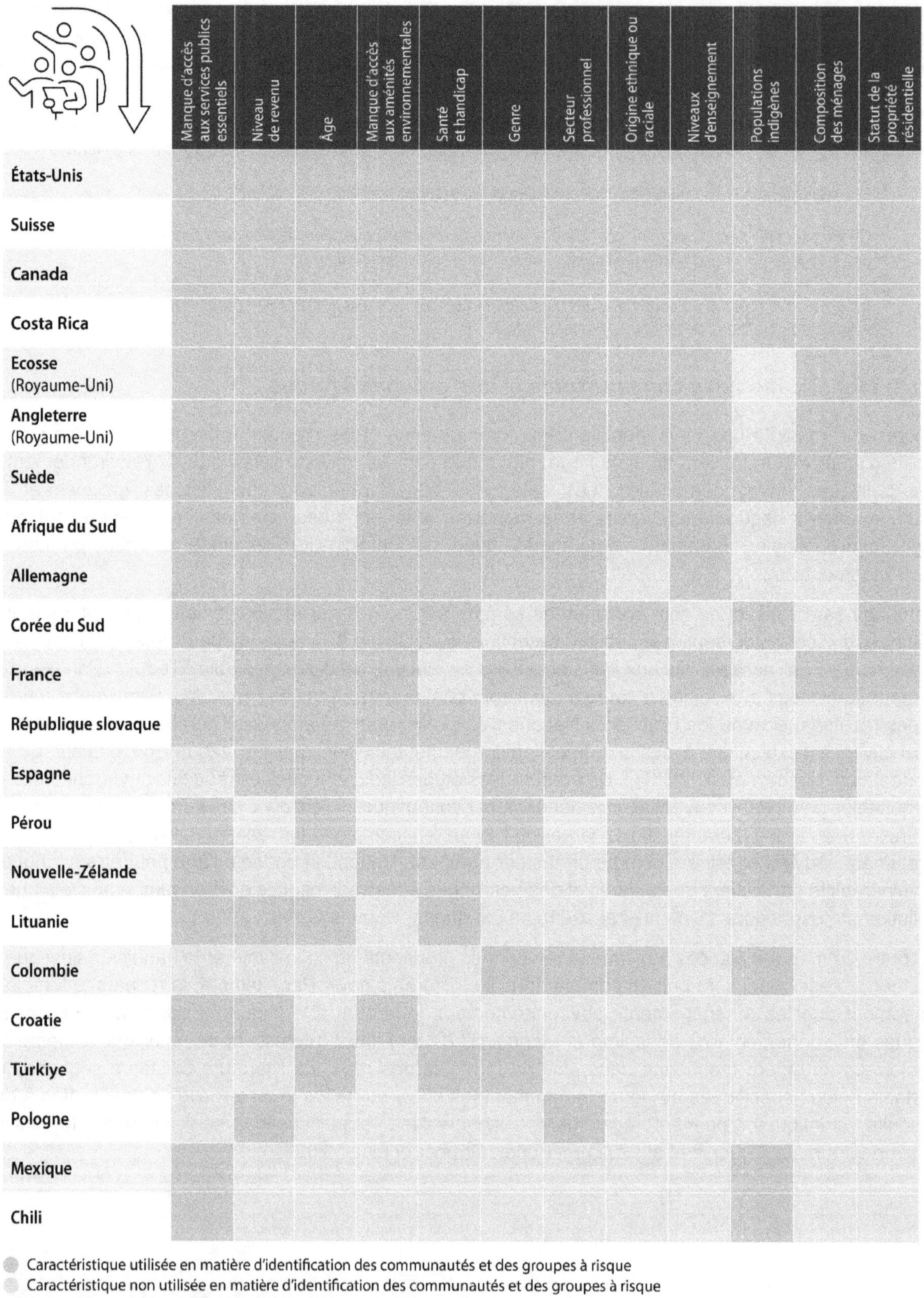

Note : Sur la base de 22 réponses. Les répondants ont été invités à sélectionner toutes les réponses applicables et à signaler d'autres caractéristiques absentes de la liste prédéfinie. Six répondants ont cité de telles caractéristiques. Trois caractéristiques, pour avoir été sélectionnées le moins souvent, ne sont pas affichées ; le statut de migrant, la langue minoritaire et l'origine nationale. Les données sont présentées de gauche à droite dans l'ordre du plus grand nombre de pays ayant choisi de prendre en compte une caractéristique donnée. Le Portugal n'a pas répondu à cette question, tandis que le Japon et l'Estonie ont déclaré ne pas identifier de communautés ou de groupes à risque. La Commission européenne a noté que toutes les caractéristiques peuvent être évaluées de manière proportionnée.
Source : enquête de l'OCDE sur la justice environnementale.

Les pays sont moins nombreux à considérer le statut de migrant, la langue minoritaire ou l'origine nationale comme des éléments pertinents pour l'identification des communautés et des groupes à risque, ce qui pourrait s'expliquer en partie par la diversité de leur composition démographique. Une autre raison pourrait en être le manque de données pertinentes.[2] Néanmoins, des travaux de recherche suggèrent que ces caractéristiques peuvent se recouper de manière complexe pour créer des vulnérabilités distinctes. L'intersectionnalité de diverses caractéristiques en relation avec la justice environnementale est reconnue, par exemple, au Brésil, comme décrit à l'Encadré 4.1.

Encadré 4.1. Comité brésilien de surveillance de l'Amazonie noire et de lutte contre le racisme environnemental

Des recherches documentaires entreprises pour compléter les réponses à l'enquête de l'OCDE mettent en évidence d'autres initiatives pertinentes au-delà de celles mentionnées par les répondants à l'enquête. Au Brésil, par exemple, la reconnaissance du lien entre l'inégalité raciale et les préoccupations en matière de justice environnementale a incité les responsables de l'action publique à utiliser le terme « racisme environnemental », aboutissant à l'élaboration d'une initiative spécifique. Le Comité de surveillance de l'Amazonie noire et de lutte contre le racisme environnemental a été créé en août 2023 en partenariat avec le ministère de l'Égalité raciale et le ministère de l'Environnement et du Changement climatique. Le comité a pour objectif de proposer des mesures afin de lutter contre le racisme environnemental en Amazonie.

Dans son discours, la ministre de l'Égalité raciale, Anielle Franco, a reconnu le caractère intersectionnel de la question, mentionnant également des facteurs tels que le revenu et l'indigénéité :

> *« Aucune mesure ne sera pleinement efficace tant que nous n'aurons pas réfléchi à des solutions mettant l'accent sur les populations les plus vulnérables, principalement les personnes défavorisées et les noirs, tant dans les zones rurales que dans les centres urbains (...) Placer nos peuples traditionnels, les communautés quilombolas, les peuples terreiro au premier plan de la protection de l'Amazonie est un devoir non seulement pour le gouvernement brésilien, mais aussi pour le monde entier. La justice environnementale ne pourra se faire qu'avec la justice raciale ».*

Étant donné que les préoccupations en matière de justice environnementale recoupent des questions relevant de différents domaines politiques, cette coopération interministérielle illustre la manière dont le contexte et les enjeux locaux (la promotion de l'égalité raciale au Brésil) peuvent orienter l'implication de différents acteurs dans des initiatives visant à promouvoir la justice environnementale.

Source : (Secretaria de Comunicação Social, Governo do Brasil, 2024[7]), (Ministère de l'Égalité raciale, Gouvernement du Brésil, 2023[8]).

Les pays déployant des approches directes de la justice environnementale (« juridique » et « politiques et initiatives ») ont tendance à prendre en compte davantage de caractéristiques pertinentes pour identifier les communautés et les groupes à risque, par rapport à ceux qui adoptent des approches indirectes (« ajout de protections et de garanties » et « garantie des droits »), bien qu'il y ait quelques exceptions notables (par exemple, l'Angleterre (le Royaume-Uni), le Costa Rica et la Suisse). La différence entre les pays qui déploient les deux types d'approches indirectes est également observée, sachant que les pays qui utilisent l'ajout de protections et de garanties prennent en compte davantage de caractéristiques que les pays qui garantissent les droits. Cela peut s'expliquer par la disponibilité de ressources dédiées à la réalisation d'évaluations approfondies, par la disponibilité de données et par l'existence de corpus législatifs établis en matière de lutte contre la discrimination.

Cependant, un plus grand nombre de facteurs pris en compte dans les pays ayant une approche directe de la justice environnementale peut indiquer l'existence de préoccupations importantes en matière de justice environnementale. En outre, si la prise en compte des vulnérabilités est essentielle, l'étendue des caractéristiques analysées ne se traduit pas nécessairement par une approche plus globale de la justice environnementale. Par exemple, la prise en compte d'un trop grand nombre de caractéristiques risque de diluer les efforts et d'entraver les mesures ciblées si des ressources adéquates ne sont pas mises à disposition.

4.1.2. Prise en compte de régions spécifiques présentant un risque accru d'injustice environnementale

Historiquement, des travaux de recherche ont étudié les préoccupations de justice environnementale d'un point de vue spatial (Walker, 2012[9]), reflétant (i) la surreprésentation ou représentation disproportionnée de certains groupes ou de communautés dans des quartiers mal desservis ou surchargés de pollution et (ii) la concentration d'industries et d'installations polluantes. C'est souvent une combinaison de ces facteurs qui expose une région à un risque accru d'injustice environnementale. Environ la moitié des pays identifient des régions dans lesquelles des communautés ou des groupes peuvent être particulièrement exposés. Dans la majorité des pays qui identifient des régions spécifiques dans ce contexte, on constate une dépendance économique des régions à l'égard des industries très polluantes, et une mauvaise qualité de l'air. Un exemple en est la « Cancer Alley » en Louisiane (États-Unis), où une forte concentration d'entreprises pétrochimiques et leurs déchets toxiques ont été associés à des risques de cancer plus élevés pour les communautés vivant principalement dans les quartiers afro-américains (HCDH, 2021[10]).

La variabilité régionale des risques et son lien avec la composition sectorielle illustrent également le fait que la transition vers une économie plus durable peut revêtir des effets disproportionnés d'un endroit à un autre, comme le souligne utilement le concept de transition juste. Dans ce contexte, des régions spécifiques sont identifiées à l'aune des efforts pour réduire la dépendance aux combustibles fossiles et aux industries à forte intensité de carbone (Commission européenne). Ces efforts peuvent avoir un impact transitoire, comme la fermeture de centrales à charbon (Pologne) et de centrales nucléaires (Espagne).

Dans leurs réponses à l'enquête, les pays mettent en avant les particularités géographiques de certaines régions comme un facteur important d'inégalité dans l'exposition aux dommages environnementaux, pour diverses raisons. Certains pays, dont l'Écosse, prennent en compte l'éloignement des régions montagneuses ou vallonnées et des îles. C'est en effet une situation pouvant expliquer un accès limité à des services publics clés, un facteur de risque souvent identifié dans les différents pays. D'autres pays, comme la Croatie, les États-Unis et la France, considèrent que les zones rurales sont plus à risque, par exemple en raison de l'exposition des terres agricoles à la pollution par les pesticides. Dans le même temps, certains pays prennent en compte les risques différentiels des régions en fonction des communautés et des groupes qui y résident. Les États-Unis et le Mexique ont mis l'accent sur les régions habitées par des populations autochtones, l'Afrique du Sud tient compte des zones urbaines à forte concentration de population pauvre et majoritairement noire[3] et la République Slovaque prend en considération les campements de communautés roms marginalisées.[4]

4.2. Évaluation des préoccupations de justice environnementale

Cette section passe en revue les approches des pays en matière d'évaluation des préoccupations de justice environnementale, en s'appuyant sur les questions ci-après :

> *Les pays disposent-ils d'outils spécifiques (par exemple des cartes interactives) qui permettent aux responsables de l'action publique de combiner des données et des informations sur les variables environnementales, sociales et économiques ;*
>
> *Les pays utilisent-ils des données et des méthodes qualitatives dans leurs évaluations du risque ou de l'exposition aux dangers environnementaux.*

4.2.1. Méthodes et outils pour évaluer les préoccupations de justice environnementale

La recherche en justice environnementale a déployé un certain nombre de méthodologies et d'outils, notamment divers systèmes d'information géographique, des indicateurs composites et des outils de détection pour comprendre les schémas spatiaux des avantages et des charges en matière d'environnement. Environ la moitié des pays disposent d'outils spécifiques pour évaluer les préoccupations de justice environnementale, tels que des cartes interactives qui permettent aux utilisateurs de combiner des données environnementales, sociales et économiques[5]. Quatre autres pays disposent d'outils en cours d'élaboration[6]. Il existe une variation notable entre les pays déployant des approches directes et indirectes de la justice environnementale ; ainsi, l'écrasante majorité des pays ayant adopté une approche directe ont développé ou sont en train de développer de tels outils[7]. La raison en est peut-être que le concept est relativement mieux établi dans les pays ayant une approche plus directe, ce qui peut leur avoir permis de bénéficier d'une plus grande adhésion et de davantage de ressources pour développer des outils spécifiques.

Toutefois, ces outils tendent à varier dans leur niveau de spécificité en matière d'évaluation des préoccupations de justice environnementale. Par exemple, des pays comme la France, le Canada et le Mexique disposent de centres de données plus génériques et de cartes interactives avec une série d'indicateurs. En parallèle, certains pays ont élaboré des outils d'évaluation plus spécifiques. Des exemples récents suggèrent que c'est la combinaison et la superposition de données environnementales, démographiques et socio-économiques qui génèrent des informations utiles. Par exemple, l'Écosse a développé un ensemble de données intitulé « Flood Disadvantage » comprenant 34 indicateurs de vulnérabilité, superposant divers facteurs personnels, environnementaux (comme la disponibilité d'espaces verts) et sociaux (comme le revenu, la propriété du logement) pour cartographier et identifier les communautés qui pourraient être désavantagées en termes de résilience et de réponse aux inondations (Gouvernement écossais, 2015[11]) (Encadré 4.2). L'outil des autorités écossaises se concentre sur la vulnérabilité à un risque environnemental, mais des outils similaires peuvent également être utilisés pour examiner l'accès aux avantages environnementaux. Par exemple, Natural England[8] a développé une carte « Green Infrastructure Map » qui cartographie les données sur l'accès aux espaces verts et bleus[9], sur des indicateurs socio-économiques (Natural England, 2021[12]).

Encadré 4.2. Cartographie des désavantages liés aux inondations en Écosse (Royaume-Uni)

La carte des désavantages liés aux inondations (Flood Disadvantage) publiée par les autorités écossaises permet d'identifier les communautés susceptibles d'être exposées à des risques d'inondation plus importants en raison de leur vulnérabilité sociale et de leur situation géographique. La vulnérabilité sociale est évaluée sur la base de 14 facteurs personnels, environnementaux et sociaux correspondant à trois dimensions de la vulnérabilité : la sensibilité, l'exposition accrue et la capacité d'adaptation (aptitude à se préparer, à réagir et à se rétablir). En combinant ces données, la carte indique le degré de désavantage lié aux inondations pour une zone donnée, comme le montre le graphique ci-dessous.

Graphique 4.2. Exemple d'affichage de la carte Flood Disadvantage

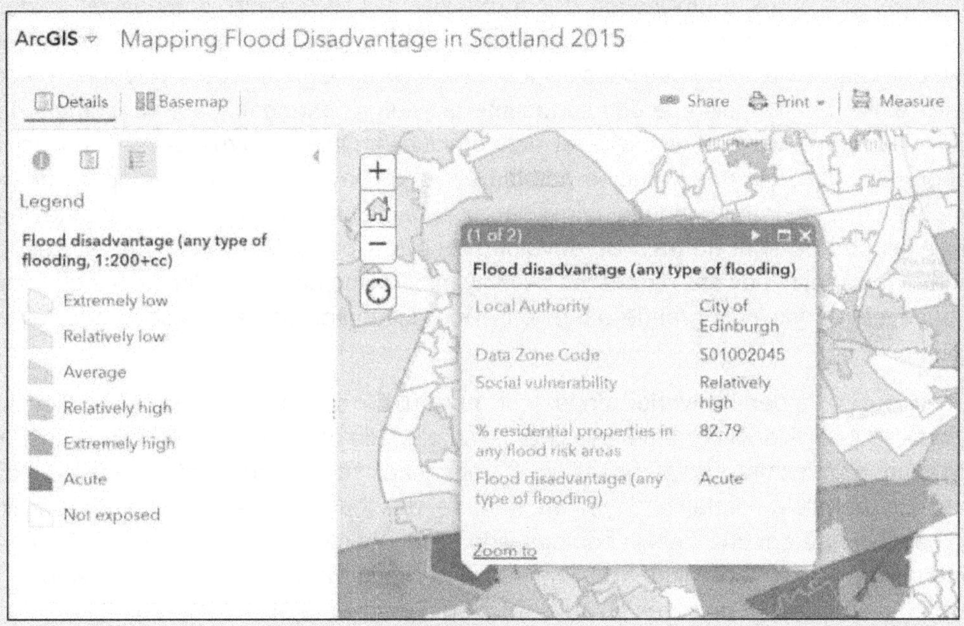

Source : (Gouvernement écossais, 2015[13]), (Gouvernement écossais, s.d.[14]).

L'outil de détection et de cartographie de la justice environnementale (EJScreen) développé par l'agence américaine pour la protection de l'environnement (US EPA) est l'un des outils les plus détaillés disponibles pour identifier les zones potentiellement concernées par la justice environnementale (Encadré 4.3). Alors que d'autres outils se concentrent généralement sur une seule question, EJScreen permet de prendre en compte un éventail plus large de risques, notamment la proximité de déchets dangereux et les incendies de forêt. Conçu dans une optique de convivialité, l'outil permet également aux utilisateurs de générer des rapports et de comparer un ensemble d'indicateurs à différents niveaux d'agrégation (United States Environmental Protection Agency, s.d.[15]). De plus, l'outil permet de réaliser des analyses de proximité en saisissant les emplacements d'intérêt et la distance de la zone tampon, offrant ainsi aux utilisateurs des perspectives spatiales.

Encadré 4.3. Outil de l'EPA de dépistage et de cartographie de la justice environnementale (EJScreen)

EJScreen fournit des données sur treize indicateurs environnementaux (par exemple, le risque de cancer lié aux substances toxiques de l'air, la proximité de déchets dangereux) ainsi que sur sept indicateurs socio-économiques (par exemple, le taux de chômage, le niveau d'anglais limité) dans l'ensemble des États-Unis. Pour chacun des 13 indicateurs environnementaux, un indice EJ est établi, basé sur le percentile de l'indicateur environnemental pour une zone donnée multiplié par son indice démographique. L'indice démographique calcule la moyenne de la part des personnes de couleur et des populations à faible revenu dans une région donnée.

L'indice supplémentaire permet d'appréhender d'autres aspects de la vulnérabilité. Les indices supplémentaires suivent la même méthodologie que les indices EJ, mais intègrent un indice démographique supplémentaire à cinq facteurs, par opposition à l'indice démographique à deux facteurs mentionné ci-dessus. L'indice démographique supplémentaire fait la moyenne des éléments suivants : pourcentage de faibles revenus, pourcentage de chômeurs, pourcentage de personnes ayant une maîtrise limitée de l'anglais, pourcentage de personnes n'ayant pas terminé leurs études secondaires et faible espérance de vie. Malgré certaines limites, telles que la disponibilité de données nationales cohérentes sur les différents enjeux de la justice environnementale, il s'agit d'un moyen efficace d'identifier les priorités d'action (OCDE, 2023[16]). Sur la base des indicateurs choisis, EJScreen attribue un code couleur à la zone sélectionnée pour visualiser le degré de préoccupation en matière de justice environnementale (plus la teinte est foncée, plus la préoccupation en matière de justice environnementale est importante) (Graphique 4.3).

Graphique 4.3. Exemple d'affichage de l'écran EJScreen

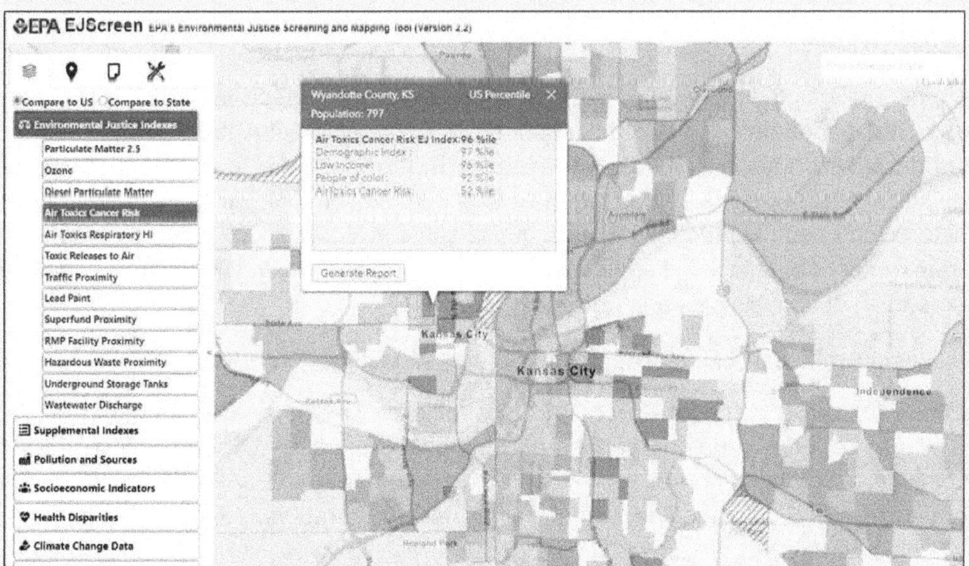

Source : (United States Environmental Protection Agency, s.d.[17]).

Dans certains pays, des efforts sont également déployés au niveau infranational, ce qui reflète la nature locale des préoccupations de justice environnementale. Par exemple, les villes de Berlin (Allemagne) et de Westminster (Angleterre, Royaume-Uni) ont mis au point des outils adaptés au contexte local afin d'éclairer l'action publique.[10] Par rapport aux outils de portée nationale, ils présentent des avantages en termes de cohérence des données et de capacité à intégrer les enjeux environnementaux locaux, tels que la pollution sonore et les îlots de chaleur. Une comparaison des deux outils infranationaux illustre également les différentes approches infranationales de la justice environnementale : le développement de cadres explicites de justice environnementale (Berlin) et l'intégration du concept dans les stratégies et solutions existantes (ville de Westminster) (Encadré 4.4).

Encadré 4.4. Évaluations au niveau urbain : comparaison de l'Atlas de la justice environnementale de Berlin et de la mesure de la justice environnementale de Westminster

Atlas de la justice environnementale (EJAtlas) de Berlin (Allemagne)

L'EJAtlas est le résultat d'une initiative interdépartementale menée par la ville-État de Berlin dans le contexte de l'adoption d'une approche globale de la justice environnementale dans la politique municipale en matière d'environnement et de santé à Berlin. Cet Atlas consiste en des cartes détaillées de la ville qui identifient les quartiers qui sont exposés de manière disproportionnée à des charges environnementales liées à la santé. Cinq indicateurs environnementaux et sociaux fondamentaux sont analysés : la pollution sonore, la pollution atmosphérique, la charge bioclimatique, les espaces verts et ouverts et la privation sociale. La densité de la population ainsi que la qualité des zones résidentielles sont également prises en compte pour établir une analyse supplémentaire de la vulnérabilité.

Mesure de justice environnementale (ville de Westminster, Angleterre, Royaume-Uni)

La ville de Westminster est une autre autorité locale à avoir créé son propre outil d'évaluation de la justice environnementale, où le concept même de justice environnementale a été intégré dans sa stratégie visant à améliorer l'équité et la durabilité. Sa Mesure de la justice environnementale se compose de dix paramètres environnementaux (comme la qualité de l'air, le risque d'inondation, l'efficacité énergétique des bâtiments) et des ensembles de données existants développés au niveau national (indice socio-économique de privation multiple[1]).

Des approches similaires

Contrairement à l'EJScreen de l'EPA aux États-Unis qui fournit de multiples indicateurs socio-économiques indépendants, les outils développés par Berlin et Westminster utilisent des indicateurs composites de privation sociale : l'indice de statut à Berlin (basé sur le chômage, la perception de prestations sociales et la pauvreté infantile) et l'indice de privation multiple à Westminster (basé, entre autres, sur le revenu, l'emploi, l'éducation ainsi que la santé et le handicap). Les indicateurs composites peuvent présenter l'avantage d'appréhender le caractère multidimensionnel de la justice environnementale, et sont simples à interpréter.

Des différences qui reflètent des préoccupations locales spécifiques

Bien que les deux outils prennent en compte la qualité de l'air, le risque thermique et l'accès aux espaces verts et ouverts, certaines des préoccupations examinées varient, reflétant les questions locales spécifiques et les priorités politiques. Contrairement à l'EJAtlas, la Mesure de justice environnementale met davantage l'accent sur les transports durables (pourcentage de personnes se déplaçant à vélo ou à pied, proximité d'infrastructures cyclables) et sur l'efficacité énergétique des bâtiments. En intégrant ces éléments, l'outil permet également de saisir la capacité des communautés à réduire les incidences négatives sur l'environnement et à atténuer les risques découlant de leur environnement local.

1. Pour un aperçu d'une autre mesure locale de la justice environnementale, basée sur l'indice britannique de privation multiple, voir la carte de la justice environnementale de Birmingham (Naturally Birmingham, s.d.[18]).

Source : (State of Berlin, s.d.[19]), (Senate Department for Urban Mobility, Transport, Climate Action and the Environment, s.d.[20]), (Westminster City Council, 2022[21]), (City of Westminster, 2022[22]).

Si ces outils peuvent être utilisés par des responsables de l'action publique pour identifier les zones les plus vulnérables ou par le public pour se faire une idée de la qualité de l'environnement dans leur quartier, des outils similaires sont également utilisés pour mieux informer les entreprises sur les incidences potentielles de leurs projets sur l'environnement. L'outil d'évaluation des incidences sur l'environnement (EIE) mis au point par le ministère sud-africain des Forêts, de la Pêche et de l'Environnement permet aux demandeurs d'autorisation environnementale d'évaluer la sensibilité environnementale d'un site de développement proposé (Department of Forestry, Fisheries and the Environment, s.d.[23]). En fonction de l'emplacement d'un site proposé et du type de projet (par exemple, rails, pipelines, production d'énergie, sites de gestion des déchets), l'application identifie les exigences pertinentes en matière d'EIE et génère des rapports sur la sensibilité environnementale d'un projet. L'outil utilise plus de 130 couches de données spatiales sur la sensibilité environnementale, concernant la biodiversité, l'agriculture, les zones prioritaires en matière de qualité de l'air ou le patrimoine culturel. Des couches supplémentaires de données sur les risques liés au changement climatique sont actuellement en cours de développement et viseront à fournir des informations sur les problèmes de justice environnementale.

Par ailleurs, certains pays commandent des études épidémiologiques personnalisées pour comprendre les liens entre la qualité de l'environnement et les résultats en matière de santé concernant les catégories vulnérables de la population. Par exemple, l'étude japonaise sur l'environnement et les enfants (Japan Environment and Children's Study) réalise une analyse longitudinale de cohortes de naissance à partir d'échantillons biologiques collectés régulièrement et d'une enquête portant sur un panel d'une ampleur sans précédent de 100 000 enfants. Cela permet d'identifier les facteurs environnementaux affectant la santé des enfants et d'élaborer en conséquence des mesures appropriées de gestion des risques (Ministry of the Environment, Government of Japan, s.d.[24]). Une initiative similaire, bien que s'adressant à tous les groupes d'âge, est en cours en Corée du Sud. Dans le respect de la loi sud-coréenne sur la santé environnementale, l'enquête nationale sur la santé environnementale est réalisée périodiquement depuis 2009, ce qui permet d'effectuer un suivi et des mesures dans la durée (Environmental Health Information System, s.d.[25]).

En outre, une analyse de l'enquête a révélé que plus de trois quarts des pays ont recours à des méthodes qualitatives en plus de leurs méthodes quantitatives pour évaluer les préoccupations de justice environnementale. Bien que l'utilisation de données et de méthodologies quantitatives semble généralement privilégiée pour la détection et l'évaluation des préoccupations de justice environnementale, elle se heurte à d'importantes limites résultant de la disponibilité de données par trop parcellaires. Certaines préoccupations en matière de justice environnementale et les expériences uniques vécues par les communautés peuvent ne pas se prêter facilement à la quantification.

Il est important d'impliquer directement les communautés concernées, car cela peut également permettre d'intégrer plus efficacement les perspectives, la culture et les types de connaissances des communautés. Par exemple, l'intégration des connaissances traditionnelles autochtones[11] peut également garantir que les préoccupations des communautés sont identifiées et évaluées de manière appropriée, atténuant alors le risque que l'action climatique ne nuise davantage encore à celles-ci (Groupe d'experts intergouvernemental sur l'évolution du climat, 2023[26]). L'utilisation de méthodes qualitatives peut donc compléter les données quantitatives et apporter des informations supplémentaires. Il existe des exemples concrets d'efforts ciblés visant à impliquer les communautés concernées, notamment un mécanisme institutionnalisé de consultation des communautés autochtones au Costa Rica (voir Encadré 4.5), au Chili, en Colombie, au Pérou et au Mexique, développé dans le respect de la convention relative aux peuples indigènes et tribaux qui établit le devoir des pouvoirs publics de consulter les communautés susceptibles d'être affectées par des mesures législatives et administratives (Organisation internationale du Travail, 1989[27]).

Encadré 4.5. Consultation des communautés indigènes au Costa Rica

Le Costa Rica déploie une multitude de mécanismes participatifs et consultatifs pour impliquer les communautés indigènes

Répartis sur 24 territoires, les peuples indigènes représentent 2.4 % de la population du Costa Rica. En 2018, le mécanisme général de consultation des peuples autochtones a été élaboré avec l'engagement des communautés autochtones dans le but de représenter un ensemble diversifié de visions du monde culturelles et spirituelles (Ministry of Justice and Peace, 2018[28]). Structuré selon des principes clés et huit étapes fondamentales, le mécanisme a été déployé aux fins de mieux comprendre les préoccupations des peuples autochtones et d'étayer l'élaboration ultérieure de politiques pour la conservation de la biodiversité et la réduction des émissions dues à la déforestation et à la dégradation des forêts (REDD+).

Biodiversité

Abritant près de 6 % des espèces connues, la riche biodiversité du Costa Rica alimente les principaux secteurs économiques du pays, notamment le tourisme et l'agriculture, ce qui fait de la conservation de la biodiversité un impératif stratégique (OCDE, 2023[29]). Cependant, la mise en place de zones sauvages protégées (dont certaines recoupent des territoires gérés par des peuples autochtones) a déjà provoqué des tensions *(ibid)*.

La Commission nationale de gestion de la biodiversité (CONAGEBIO), chargée de superviser la mise en œuvre et le suivi de la stratégie nationale pour la biodiversité 2016-2025 et du plan d'action (ENB2), est composée non seulement de fonctionnaires, mais également d'autochtones, d'entreprises et d'agriculteurs. Le plan d'action ENB2, une stratégie axée sur les résultats et basée sur plus de 100 objectifs, est le résultat de processus participatifs, impliquant des peuples indigènes (OCDE, 2023[29]). La participation du public a été sollicitée dès le début de l'élaboration de la stratégie, à commencer par l'identification des points clés à traiter et le partage des expériences passées. L'une des principales réalisations de ces processus est une carte de la biodiversité sur les services écosystémiques, répertoriant les menaces actuelles et futures qui pèsent sur eux, et qui intègre les connaissances et les valeurs du public. La CONAGEBIO travaille actuellement à l'application du mécanisme de consultation des populations autochtones concernant deux décrets exécutifs sur l'accès aux ressources génétiques et biochimiques de la biodiversité et sur les droits intellectuels communautaires des peuples autochtones (CONAGEBIO, s.d.[30]).

Réduction des émissions liées à la déforestation et à la dégradation des forêts (REDD+).

La stratégie nationale REDD+ est une composante fondamentale de la stratégie du Costa Rica visant à gérer durablement sa riche forêt et à contribuer à l'augmentation de la capacité des puits de carbone (OCDE, 2023[29]). Les peuples autochtones ont pris une part active à son élaboration par le truchement du plan national de consultation des peuples autochtones dans le cadre de l'élaboration de la stratégie nationale REDD+. Les processus mis en œuvre adoptent plusieurs approches novatrices visant à impliquer les communautés de manière significative. Par exemple, compte tenu des caractéristiques uniques de chaque territoire autochtone, les consultations ont été menées à différents niveaux de gouvernance, avec des représentants des 24 territoires. En outre, plus de 150 médiateurs culturels *(Mediadores Culturales)* issus des communautés autochtones ont été sollicités par les autorités pour échanger des connaissances et diffuser des informations à leurs communautés dans leur propre langue.

Il reste d'importants défis à relever pour promouvoir une participation significative

Malgré ces mécanismes et les orientations sur les processus, la participation inclusive des communautés affectées peut être entravée par l'allocation de ressources administratives et financières insuffisantes pour impliquer efficacement les communautés indigènes. À défaut d'un financement adapté tenant compte de ces coûts, il peut s'avérer difficile d'assurer leur pleine participation. Une affectation plus ciblée des ressources humaines et financières à ces consultations peut favoriser une participation active et aider à transposer les exemples de réussite.

4.3. Traitement des questions de justice environnementale

Cette section vise à identifier les façons dont les pays traitent les questions de justice environnementale. Les propositions reposent sur les questions ci-après :

> *Quelles sont les mesures que les pays ont mises en œuvre spécifiquement pour lutter contre la justice environnementale ;*
>
> *En quoi la participation et l'engagement dans les politiques environnementales ont influencé les mesures prises par la suite.*

4.3.1. Mesures de traitement des questions de justice environnementale

La plupart des pays abordent les questions de justice environnementale en réduisant les obstacles à la participation au processus décisionnel en matière d'environnement (Graphique 4.4). La prévalence de ces mesures peut refléter l'impact potentiel des instruments internationaux sur l'aspect procédural de la justice environnementale au niveau des administrations nationales. Toutefois, une interprétation prudente s'impose en raison du panel auquel cette enquête, a été adressé : 13 parties à la convention d'Aarhus en Europe et cinq pays d'Amérique latine qui ont signé ou ratifié l'accord d'Escazú (le Chili, la Colombie, le Costa Rica, le Mexique et le Pérou). Les pays qui ne sont parties à aucune de ces conventions internationales, tels que les États-Unis, le Japon et la Türkiye, mettent également en œuvre des mesures visant à réduire les obstacles à la participation, ce qui souligne l'importance accordée à l'aspect procédural dans tous les pays.

Le fait de réduire l'exposition inéquitable aux risques environnementaux revêt également une importance particulière dans les pays : environ deux tiers d'entre eux indiquent avoir mis en place des mesures d'atténuation. Parallèlement, l'amélioration de l'accès aux avantages environnementaux et économiques des politiques environnementales semble faire l'objet d'une attention moindre, avec seulement la moitié environ des pays mettant en œuvre des mesures spécifiques. Les réponses à l'enquête révèlent notamment que moins de la moitié des pays traitent les questions de justice environnementale en réduisant les coûts économiques de la politique environnementale.

Graphique 4.4. Utilisation de mesures d'action publique pour traiter les questions en matière de justice environnementale

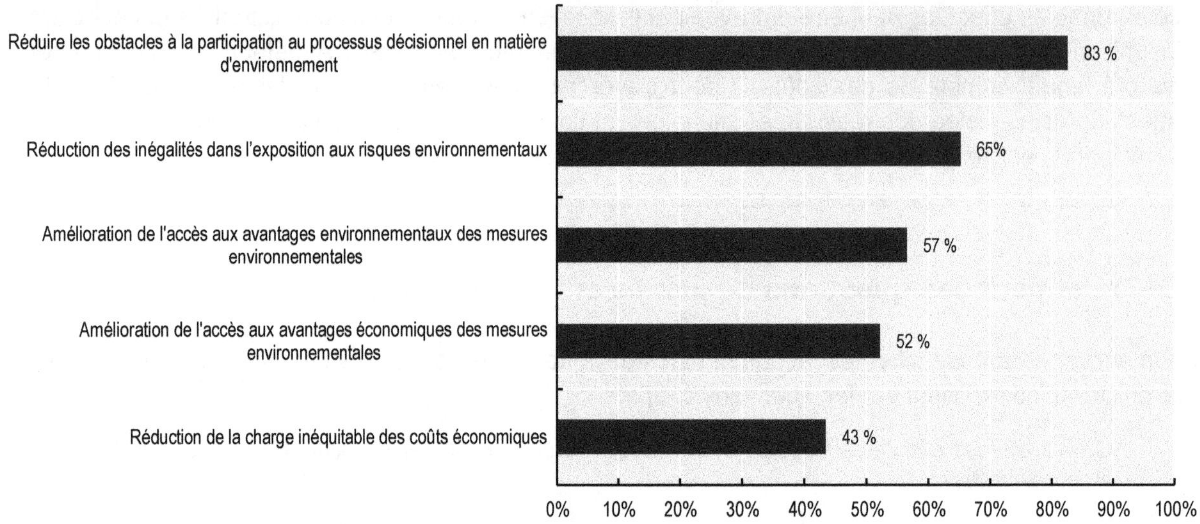

Note : sur la base de 23 réponses. La Commission européenne, la République slovaque et l'Espagne n'ont pas répondu à cette question.
Source : enquête de l'OCDE sur la justice environnementale

Réduire les obstacles à la participation au processus décisionnel en matière d'environnement

Les pays encouragent la participation de diverses manières, en s'attachant principalement pour la plupart à faciliter la participation publique aux processus de politique environnementale. Les consultations sont très répandues et de nombreux pays rendent obligatoire l'instauration de mécanismes et d'outils spécifiques pour faire participer le public. Exemples : des sites web dédiés (Angleterre et Écosse (Royaume-Uni)), mise en œuvre de commentaires publics (Japon) et des consultations obligatoires lors de la demande de permis environnementaux (Suède). Les consultations peuvent également prendre différentes formes en fonction du contexte, des besoins et des ressources, comme le montre l'expérience du Chili dans la mise en œuvre de diverses activités participatives (Encadré 4.6).

Encadré 4.6. Différentes modalités de participation au Chili

Mise en œuvre participative de l'accord d'Escazú

Après le Processus de Participation Avancé, le Chili a entamé l'élaboration du plan national de mise en œuvre participative d'Escazú 2024-2030 (PIPE). Le plan se focalise sur cinq angles par le biais de 56 actions générales, et s'engage à implémenter celles-ci entre 2024 et 2030. Plus spécifiquement, le plan se focalise, entre autres, sur la nécessité :

- D'informer les citoyens de manière plus compréhensive.
- De prendre en considération les enfants et les adolescents dans les processus de décision.
- De reconsidérer les règles de participation citoyenne dans le service public.
- De participer plus en amont à l'élaboration des pollitiques publiques.
- De former les fonctionnaires et les citoyens sur les droits d'accès et la protection environnementale.

- De créer des mécanismes favorisant l'échange d'expérience sur les droits d'accès.
- De créer et mettre à jour les plateformes d'informations existantes.
- De mettre d'avantage l'accent sur la protection des données personnelles.
- De réorganiser le travail des défenseurs des droits humains sur les questions environnementales.
- De promouvoir des réformes législatives visant à réduire les disparités d'accès à la justice, notamment en reconsidérant la charge dynamique de la preuve dans les procédures de responsabilité pour les dommages environnementaux.

Ces actions sont reflétées dans 236 mesures d'institutions publiques incorporées dans le plan (Tableau 4.1).

Tableau 4.1. Exemples de mesures relatives au Plan National Participatif d'Escazú 2024-2030 (PIPE)

Angle	Exemples de mesures pertinentes des ministères chiliens et d'autres institutions publiques
Accès aux informations publiques sur l'environnement	Création de nouvelles modalités participatives pour les consultations indigènes, telles que des réunions entre les Groupes Humains Indigènes et le service d'évaluation environnementale (mesure 162)
	Création d'un système d'information sur la science et la technologie en matière de changement climatique pour rendre les données et les connaissances scientifiques accessibles au public (mesure 16)
	Élaboration d'un protocole interne de protection des données pour aider à anonymiser les plaintes environnementales (mesure 205)
Accès à la participation du public dans la prise de décision en matière environnementale	Mise à jour de la Norme Générale de la Participation Citoyenne dans le cadre de la loi-cadre 20 500 (mesure 18)
Accès à la justice en matière environnementale	Diffuser des détails sur les outils d'accès à la justice étatiques et non étatiques ainsi que sur les procédures légales extrajudiciaires (mesure 56)
Défenseurs des droits de l'homme en matière environnementale	Création d'un plan visant à renforcer les compétences des prestataires de soins de santé et à garantir l'accès aux soins de santé pour les défenseurs de l'environnement ayant subi des attaques, des intimidations ou des menaces (mesure 82)
	Création du Protocole chilien sur les défenseurs des droits de l'homme qui permet la coordination interinstitutionnelle pour la protection des défenseurs des droits de l'homme (mesure 50)
Renforcement des capacités et de la coopération	Former les fonctionnaires sur la transparence, les droits d'accès à l'information et la responsabilité en matière environnementale (mesure 2)

Source : (Ministerio del Medio Ambiente, 2024[31])

Consultation sur l'amendement de la loi 19.300

Une consultation citoyenne s'impose également dans le processus actuel d'amendement de la loi 19.300 sur les bases générales de l'environnement (1994), qui établit le cadre de la protection de l'environnement et les instruments, notamment l'évaluation de l'impact sur l'environnement, à la lumière des nouveaux défis environnementaux. Pour assurer une participation significative des citoyens, une série de dialogues participatifs en personne a été organisée dans les 16 régions du Chili. Ces dialogues, ouverts à tous, visaient à impliquer le plus grand nombre de participants possible et se déclinaient en deux parties : 1) la présentation des amendements proposés à la loi ; et 2) des ateliers participatifs pour recueillir les opinions des citoyens. En complément des réunions en personne, une boîte aux lettres électronique a été mise à disposition. Les résultats de chaque dialogue ont ensuite été publiés sur le site web du ministère et présentés lors d'un séminaire en ligne.

La diversité des modalités disponibles peut contribuer à assurer une participation significative.

Au Chili, un large éventail de méthodes de participation citoyenne est utilisé. C'est d'autant plus important que les consultations traditionnelles peuvent ne pas refléter à elles seules l'étendue des opinions de la société en raison de la présence d'un biais de sélection (voir section 2.4.3 du chapitre 2). Une diversité de méthodes peut contribuer à assurer la diversité des points de vue. Des modalités telles que des réunions publiques autogérées peuvent être particulièrement bénéfiques dans les régions isolées où la présence de fonctionnaires est limitée. De même, en raison des obstacles potentiels à la participation rencontrés par les groupes vulnérables tels que les jeunes ou les populations autochtones, l'élaboration d'activités qui les ciblent spécifiquement peut accroître la visibilité de leurs points de vue.

Source : (Ministère de l'Environnement, 2023[32]), (Ministère de l'Environnement, 2023[33]), (Ministère de l'Environnement, s.d.[34]), (Ministère de l'Environnement, s.d.[35]), (Ministerio del Medio Ambiente, 2024[31]), (Nations Unies, 2024[36])

En outre, certains pays associent le public à l'élaboration des principaux plans et stratégies en matière d'environnement et de climat au moyen de processus délibératifs. La Lituanie a déployé son plan national pour l'énergie et le climat pour la période 2021-2030, élaboré en étroite concertation avec les parties prenantes locales et régionales, des associations et le grand public, par le truchement d'une série d'événements et d'une plateforme de consultation en ligne dédiée.[12] De même, en Allemagne, un dialogue sur l'adaptation climatique s'est tenu en 2023, sous la forme d'une participation en ligne (au moyen d'une plateforme dédiée aux jeunes âgés de 14 à 25 ans) et d'événements régionaux faisant appel à des panels de participants choisis au hasard, afin d'élaborer la stratégie allemande d'adaptation au changement climatique dans le cadre de la loi sur l'adaptation climatique à l'échelle nationale (Federal Ministry for Environment, Nature Conservation and Nuclear Safety, 2023[37]).

Il convient d'identifier les principales parties prenantes d'une manière stratégique, et non nécessairement exhaustive. Cela permet de compléter les mécanismes participatifs afin d'apporter aux personnes les plus touchées la certitude que leur point de vue sera représenté dans les processus de prise de décision. Dans ce contexte, certains pays adoptent des approches plus ciblées pour s'engager auprès de catégories spécifiques de la population. Par exemple, le Chili, la Colombie, le Costa Rica, le Mexique, la Nouvelle-Zélande et le Pérou ont précisé avoir déployé des mécanismes spécifiques pour consulter les populations autochtones, reconnaissant le rôle unique de celles-ci dans la protection de l'environnement et l'héritage historique de la discrimination dont elles ont souffert.

En outre, plus de la moitié des pays ont pris des mesures pour améliorer l'accès à l'information. De nombreux pays ont mis en place des mesures visant à garantir la transparence et à rendre les informations disponibles sur demande. Par exemple, la Suède met par défaut à la disposition du public des demandes de permis pour les activités présentant un risque pour l'environnement, ainsi que leurs déclarations d'impact environnemental. En Écosse, l'accès aux informations demandées est assuré conformément au règlement de 2004 sur les informations environnementales (Public Health Scotland, 2023[38]).

Les cartes et les portails de données utilisés pour l'évaluation des préoccupations environnementales (voir section 4.2.1) peuvent également constituer un outil précieux pour l'information du public. Par exemple, le ministère néo-zélandais de la santé finance le projet « Environmental Health Intelligence New Zealand », qui fournit non seulement des tableaux de bord et des informations sur les risques environnementaux, mais également des profils de groupes de population vulnérables et des indications sur leurs variations régionales, ainsi que des statistiques spécifiques sur la santé environnementale des Māoris (Environmental Health Intelligence New Zealand, s.d.[39]). Dans la même optique, le système coréen d'information globale sur la santé environnementale communique des informations sur les risques environnementaux dans les quartiers, rendues accessibles par l'utilisation d'icônes et d'images et d'une série de supports éducatifs (Ministère de l'Environnement, s.d.[40]).

Parallèlement, certaines initiatives se concentrent sur la fourniture active d'informations environnementales au public. La Pologne a développé l'application mobile « Air quality in Poland » qui fournit des informations sur la qualité de l'air, des prévisions, des avertissements et des cartes. Les citoyens polonais peuvent également recevoir des avertissements par SMS lorsqu'un niveau alarmant (PM10) est observé. Une solution similaire est déployée en Afrique du Sud : le système d'information sur la qualité de l'air sud-africain (SAAQIS) est disponible à la fois en ligne et via une application mobile. L'exemple de l'Afrique du Sud montre qu'il est important d'adapter les outils au contexte local. En effet, moins d'un tiers seulement des citoyens ont accès à un ordinateur et les téléphones portables sont des outils importants pour informer les citoyens des risques environnementaux.[13] L'Afrique du Sud constate également que le manque de sensibilisation du public aux défis environnementaux constitue un obstacle important à l'information. Parce que les médias grand public tels que la télévision jouent le rôle de principale source d'information pour les citoyens, l'Afrique du Sud explore également un projet pilote en collaboration avec des émissions de télévision populaires, visant à intégrer des informations environnementales dans les scénarios afin de sensibiliser le public.

Bien que les approches pour éliminer les obstacles à l'information diffèrent, allant de la mise à disposition passive d'informations jusqu'à leur dissémination active, ces initiatives sont rarement axées sur les communautés vulnérables. Les appels mensuels de participation en ligne de l'Office of Environmental Justice and External Civil Rights de l'EPA (Bureau de la justice environnementale et des droits civils externes) comptent parmi les exemples de mesures visant directement la justice environnementale procédurale aux fins d'informer les communautés vulnérables des initiatives en cours (Encadré 4.7).

Encadré 4.7. Appels nationaux à la participation communautaire en faveur de la justice environnementale

L'Office of Environmental Justice and External Civil Rights de l'EPA organise chaque mois des appels à la participation communautaire en faveur de la justice environnementale afin d'impliquer le public de manière significative et de mieux l'informer sur le travail du Bureau en matière de justice environnementale. Cette forme de dialogue direct permet au public de donner son avis sur les activités de l'agence EPA, de participer à des séances de questions-réponses et de recevoir des informations concernant, par exemple, des demandes de subventions ou les programmes à venir de l'agence. Voici quelques exemples de sujets abordés lors de ces appels :

> *Aperçu des nouveaux décrets et mémorandums présidentiels (2021) relatifs à la justice environnementale*
>
> *Point de situation sur le programme EJ (NEJAC, EJScreen, collaboration avec les États et les tribus, etc.)*
>
> *EJScreen 2.0 : nouveautés de l'outil d'évaluation de la justice environnementale de l'EPA*

Son format en ligne peut faciliter la mobilisation du public, en lui permettant de participer quel que soit son lieu de résidence. Le nombre de participants à un webinaire étant limité, des enregistrements de toutes les sessions sont disponibles sur le site web de l'EPA. En outre, les transcriptions de certaines sessions sont publiées en anglais et en espagnol, ce qui permet un accès à l'information même pour les personnes malentendantes et celles dont la maîtrise de l'anglais est limitée.

Source : (United States Environmental Protection Agency, s.d.[41]).

Par ailleurs, un tiers seulement des pays ont pris des mesures pour faciliter l'accès des personnes potentiellement intéressées aux procédures administratives et judiciaires en matière d'environnement. La Nouvelle-Zélande facilite l'accès des organisations à but non lucratif aux litiges d'intérêt public en matière d'environnement grâce à une aide financière fournie via un fonds d'assistance juridique en matière d'environnement (Ministère de l'Environnement, 2024[42]). D'autres pays permettent indirectement l'accès à la justice en renforçant l'application et le respect de la législation environnementale. Cela passe par l'amélioration des capacités et des connaissances des fonctionnaires en matière de droit de l'environnement et de mise en œuvre administrative. L'Afrique du Sud a créé l'EMI (Environmental Management Inspectorate) en vue d'améliorer le suivi et l'application des différents segments de la législation, notamment la pollution et la gestion côtière (Department of Forestry, Fisheries and the Environment, s.d.[43]). L'EMI se compose des « scorpions verts », à savoir des agents locaux, provinciaux et nationaux qui suivent une formation obligatoire, en droit de l'environnement notamment.

Bien que les réponses à l'enquête ne fassent généralement pas mention des cours et tribunaux de l'environnement (CTE), des recherches documentaires révèlent qu'environ la moitié des pays ont mis en place de telles institutions.[14] À cet égard, plusieurs pays ont choisi d'améliorer l'accès à la justice en regroupant les tribunaux administratifs compétents (en charge de l'urbanisme et de l'environnement, par exemple) afin de rationaliser la procédure (OCDE et Open Society Foundations, 2016[44]). Contrairement aux tribunaux traditionnels qui peuvent manquer de connaissances spécialisées en matière d'environnement, les CTE peuvent être composés de juges compétents en en sciences de l'environnement, ce qui renforce leur capacité à fournir un accès effectif à la justice environnementale (Robinson, 2012[45]). En outre, leur autorité juridictionnelle et les ressources dont ils disposent peuvent permettre d'établir une jurisprudence influente (PNUE, 2022[46]). En outre, les CTE apportent souvent une assistance juridique et technique aux demandeurs et le fait que leurs exigences procédurales soient plus souples et leurs procédures simplifiées facilite un accès effectif à la justice (PNUE, 2019[47]).

Réduction des inégalités dans l'exposition aux risques environnementaux

Bien que de nombreux pays (65 %) aient mis en place des mesures pour réduire l'exposition inéquitable aux risques environnementaux, la majorité des mesures citées visent à améliorer globalement la qualité environnementale. Il s'agit en particulier de modifications des lois sur la gestion des déchets (Mexique), d'évaluations environnementales (Portugal, Corée du Sud) et de l'octroi de permis pour de nouvelles installations industrielles et décharges (Angleterre, Écosse (Royaume-Uni)). Certains pays ont également fait part de mécanismes qui font progresser la dimension procédurale de la justice environnementale en renforçant la base juridique des recours (Écosse, Royaume-Uni) et en améliorant l'accès effectif à des mesures correctives en cas de pollution de l'environnement (Japon, Corée du Sud).

Peu de pays disposent de mesures plus ciblées pour alléger la charge environnementale pesant sur des groupes ou des régions spécifiques. Il est ici important de noter que l'adoption de telles mesures pourrait refléter des préoccupations historiques et préexistantes concernant des inégalités d'exposition plus marquantes encore. À titre d'exemple, citons l'initiative Justice40 aux États-Unis, qui vise à diriger au moins 40 % des bénéfices de certains programmes fédéraux (liés par exemple aux investissements dans les énergies propres, à l'assainissement et à la réduction de la pollution héritée du passé) vers les communautés touchées par le sous-investissement et la pollution (White House, s.d.[48]). De même, la loi bipartisane sur les infrastructures dispose que 49 % des fonds destinés à l'amélioration des infrastructures d'eau potable soient consacrés aux communautés défavorisées (White House, 2021[49]). Le cas des « zones de sacrifice » au Chili (Encadré 4.8) est un autre exemple notable de préoccupations en matière de justice environnementale à avoir déclenché une action publique visant à remédier à la répartition inégale des risques environnementaux.

Encadré 4.8. Lutte contre l'injustice environnementale dans les « zones de sacrifice » au Chili

L'expression « zones de sacrifice » est utilisée pour qualifier les régions où les communautés vivent à proximité d'industries à forte intensité de pollution et subissent les conséquences des divers polluants qui y sont générés. Ce terme décrit : « une situation d'injustice environnementale évidente, dans la mesure où les bénéfices générés par [l'industrie] sont distribués de manière diffuse dans l'ensemble de la société, alors que les coûts environnementaux sont supportés par des populations en situation de vulnérabilité sociale et économique » (Instituto Nacional de Derechos Humanos, 2011[50]). En mettant l'accent à la fois sur la gestion de la transition des industries et sur l'impact différencié sur les communautés, l'approche du Chili souligne également le croisement entre les politiques de transition juste et la justice environnementale.

Le fait que 40 enfants soient tombés malades en raison d'une exposition à des niveaux élevés d'arsenic dans l'air ambiant de leur école, située à proximité d'une grande raffinerie de cuivre, a mis en lumière le problème des zones de sacrifice au Chili. Cet événement, ainsi que d'autres événements similaires, a permis une meilleure reconnaissance de l'intersectionnalité des droits environnementaux avec d'autres aspects, comme la santé, le travail, le logement ou l'éducation. Cette prise de conscience a été le catalyseur d'un mouvement qui a abouti à des « plans de récupération environnementale et sociale » (ESRP, Environment and Social Recovery Plans), au Chili.

Les programmes ESRP des zones de sacrifice de Huasco, Quintero-Puchuncaví et Coronel déploient actuellement divers moyens d'amélioration de leur situation. L'administration chilienne classe ces solutions selon les catégories suivantes : air, eau, mer, sol, paysage et biodiversité, société, santé et infrastructures. Le tableau ci-après (Tableau 4.2) fournit quelques exemples de ces solutions tirées des programmes ESRP évoqués par le Chili dans sa réponse à l'enquête (Ministère de l'Environnement, Gouvernement du Chili, s.d.[51]).

Tableau 4.2. Exemples d'actions prévues par les programmes ESRP du Chili

	Plan de récupération environnementale et sociale
Qualité de l'air	Mise à jour des normes de qualité de l'air (par exemple concernant le dioxyde de soufre)
	Mise en place d'une station de surveillance pour améliorer la qualité de l'air
	Élaboration d'un programme de formation sur la qualité de l'air et les émissions à l'intention des acteurs concernés
	Création d'une plateforme web accessible au public permettant d'accéder aux données des stations de surveillance
Santé / Divers	Mise en œuvre d'un programme de surveillance de la santé publique
	Élaboration d'un plan de fermeture pour récupérer l'espace des décharges
	Développement d'un programme de compostage visant à réduire les déchets organiques
	Amélioration du traitement des déchets des micro, petites et moyennes entreprises
Social	Élaboration de plans de préservation pour les zones qui ne sont pas encore impactées par l'activité humaine
	Développement de projets visant à créer des espaces publics de qualité
	Nettoyage des déchets du parc industriel et création de zones forestières avec des espèces indigènes
	Réglementation de l'implantation de nouvelles entreprises produisant des polluants dangereux

Source : (Ministère de l'Environnement, Gouvernement du Chili, s.d.[51]).

Si les ESRP et le cadre plus large de la transition socio-écologique juste adopté par le Chili ces dernières années constituent une base institutionnelle solide, des défis subsistent pour leur mise en œuvre. L'amélioration de la collecte de données, adossée à l'utilisation d'outils de détection et de cartographie, pourrait faciliter l'identification des communautés concernées, particulièrement affectées par la pollution, ainsi que l'élaboration de politiques bien ciblées. En outre, compte tenu de l'abandon progressif du charbon et de la taxe carbone et de leurs répercussions sur l'emploi et les ménages à faible revenu, la juste transition socio-écologique repose sur des programmes d'aide sociale plus complets (OCDE, 2024[52]).

1. De plus, comme le souligne le Rapporteur spécial des Nations unies dans son rapport sur les droits de l'homme et l'environnement, d'importantes différences existent en ce qui concerne la capacité à s'adapter à la création de « zones de sacrifice ». Tandis que les résidents les plus fortunés peuvent aisément déménager vers une région offrant une meilleure qualité environnementale, les résidents à faible revenu peuvent ne pas avoir d'alternatives et être donc inévitablement contraints d'endurer les impacts négatifs en termes de santé (Haut-Commissariat des Nations Unies aux droits de l'homme, 2023[53]).

Amélioration de l'accès aux avantages environnementaux des mesures environnementales

Plus de la moitié des pays (57 %) mettent en œuvre des mesures visant à améliorer l'accès aux avantages environnementaux des mesures dédiées. En Suède, l'accès aux avantages environnementaux est réglementé par la Loi sur l'aménagement du territoire et la construction, qui stipule que la « planification, en ce qui concerne les valeurs naturelles et culturelles, les aspects environnementaux et climatiques, ainsi que les conditions intercommunales et régionales, doit promouvoir, entre autres, un cadre de vie socialement agréable, accessible et utile pour tous les groupes sociaux ». Dans de nombreux pays, l'accent est mis sur l'amélioration de l'accès aux aménagements environnementaux dans les zones urbaines. Ainsi, le ministère fédéral allemand de l'Environnement soutient les autorités locales dans la mise en œuvre d'un vaste programme visant à améliorer la qualité et l'accès aux espaces verts et récréatifs dans le cadre de son « Plan directeur pour la nature en milieu urbain ». De même, en Angleterre, le « Plan d'amélioration de l'environnement 2023 » utilise le fonds consacré à la lutte contre les inégalités régionales[15] pour créer et rénover des espaces verts dans les quartiers urbains défavorisés (Department for Environment, Food and Rural Affairs, 2023[54]). D'autres exemples de mesures qui améliorent l'accès aux bienfaits environnementaux se concentrent sur la protection de la biodiversité (Costa Rica) ainsi que sur des projets de préservation de la nature et de réhabilitation des animaux sauvages (Portugal).

Amélioration de l'accès aux avantages économiques des mesures environnementales

Un peu plus de la moitié des pays (52 %) ont pris des mesures visant à améliorer l'accès aux avantages économiques des politiques environnementales. La plupart des mesures prises par les pays consistent à adapter la conception de politiques plus larges qui sous-tendent la modernisation et l'isolation de bâtiments, ainsi que le transport et la mobilité durables. Par exemple, en Pologne, l'aide accordée pour améliorer l'efficacité énergétique dans le cadre du « Programme Air pur » est déterminée par des seuils de revenus, ce qui donne la priorité aux ménages les moins aisés. De même, la France a adopté des systèmes de subvention basés sur le revenu pour faciliter l'adoption de technologies vertes et les investissements dans l'efficacité énergétique.

Le Costa Rica a adopté une approche plus directe pour améliorer l'accès aux avantages économiques de la politique environnementale en recourant au programme de paiement pour les services écosystémiques, en vigueur depuis 1997. Ce programme rémunère les propriétaires fonciers, y compris les communautés autochtones qui administrent leur territoire, pour une gestion durable des forêts sur leurs terres, contribuant ainsi à développer le couvert forestier et à fournir des sources d'emploi et de revenu.

Réduction de la charge inéquitable des coûts économiques des mesures environnementales

Il est à noter que moins de la moitié (43 %) des pays s'attachent à réduire la charge inéquitable des coûts économiques que représentent les mesures environnementales, malgré la répartition des conséquences de ces mesures par leur impact sur les revenus et les prix (Vona, 2021[55]). C'est peut-être en raison des difficultés que posent l'identification et la prise en compte des implications des mesures environnementales, à un niveau de détail suffisant pour étayer la conception de l'action publique en vue d'atténuer l'inégalité de la répartition des conséquences.

Huit pays ont mentionné le concept de « transition juste ». Ce concept est étroitement lié à la question de la répartition des coûts et des bénéfices économiques des politiques environnementales. Ainsi, le gouvernement écossais mentionne dans son document de politique intitulé « Just Transition: A Fairer Greener Scotland » (Transition juste : une Écosse plus équitable et plus écologique) la nécessité de s'assurer que les coûts de la transition vers une économie plus durable ne pèsent pas trop lourdement sur les personnes qui sont les moins capables de les supporter De même, la Commission européenne met en avant le mécanisme de transition juste dans le cadre du Pacte vert pour l'Europe (Encadré 4.9). Dans un contexte similaire, la Commission européenne a créé le Fonds social pour le climat. Ce fonds alloue explicitement une partie des revenus provenant de la tarification carbone pour atténuer l'inégalité de la répartition de l'impact des mesures environnementales sur les personnes les plus touchées, en tenant compte de l'extension du système d'échange de quotas d'émission (SEQE-UE) aux secteurs du transport et du bâtiment. Les financements peuvent être octroyés aux ménages confrontés à la précarité en matière d'énergie ou de transport. Cela peut se faire via un soutien aux investissements dans l'efficacité énergétique, la rénovation des bâtiments, ainsi que la mobilité à émissions nulles ou faibles (Commission européenne, s.d.[56]). Ces mesures peuvent contribuer à atténuer les répercussions sectorielles, mais l'application de l'optique de la justice environnementale peut les compléter en identifiant les vulnérabilités négligées et en veillant à ce qu'elles n'aggravent pas l'inégalité de la répartition des conséquences d'une politique environnementale de plus en plus stricte.

Encadré 4.9. Traitement de la répartition inégale des coûts et des bénéfices de la politique environnementale par des stratégies de transition juste - Cas de l'Union européenne

Les transitions justes, qui visent à remédier aux effets sociaux et économiques inégaux des mesures environnementales au niveau des secteurs et des communautés, ont été placées en tête des priorités politiques au cours des dernières années. La réponse de la Commission européenne illustre la manière dont ce concept est appliqué dans la pratique. Le projet phare de la Commission, le Pacte vert pour l'Europe, est explicite dans son objectif de garantir que la transition ne laissera personne ni aucune région de côté.

À cette fin, le mécanisme de transition juste mobilise 55 milliards EUR (2021-2027) dans les régions touchées. Le mécanisme se compose de trois piliers principaux : (i) le Fonds de transition juste, (ii) un programme spécifique dans le cadre d'InvestEU, et (iii) un dispositif de prêt au secteur public avec la Banque européenne d'investissement.

Composante la plus importante du mécanisme, le Fonds de transition juste devrait mobiliser environ 25.4 milliards EUR d'investissements fournis aux États membres pour soutenir la diversification économique et la reconversion des régions les plus touchées. Le fonds est destiné à faire face aux divers impacts économiques et sociaux des mesures environnementales basée sur les plans territoriaux de transition juste des États membres. Il peut être utilisé pour améliorer et requalifier les compétences, réhabiliter l'environnement, transformer des industries existantes à forte intensité de carbone, ainsi que pour les infrastructures sociales (Commission européenne, 2021[57]).

Un certain nombre d'autres outils et d'orientations non contraignantes fournissent aux États membres de l'UE des informations et des connaissances pour soutenir la transition vers la neutralité climatique. La plateforme de transition juste fournit des informations et des conseils sur les mesures de soutien disponibles pour les territoires de l'UE en transition. Elle favorise également l'apprentissage mutuel et l'échange de connaissances, en organisant régulièrement des événements à l'attention des parties prenantes et en publiant des études de cas et des boîtes à outils. Outre l'orientation sectorielle et régionale du mécanisme de transition juste, la recommandation du Conseil du 16 juin 2022 visant à assurer une transition équitable vers la neutralité climatique attire l'attention sur les « personnes et ménages en situation de vulnérabilité » qui, indépendamment de la transition écologique, sont lésés en termes d'accès à l'emploi, à l'éducation ou à un niveau de vie décent, reconnaissant ainsi la vulnérabilité particulière de certaines populations.

Dans la mesure où les transitions justes cherchent à remédier à l'impact inégal sur le marché du travail de la politique environnementale et de la pollution, elles font également progresser la justice environnementale en réduisant l'exposition inéquitable tout en protégeant les personnes vulnérables des pertes de revenus et du chômage.

Source : (Commission européenne, s.d.[56]), (Commission européenne, s.d.[58]), (Commission européenne, s.d.[59]), (Commission européenne, s.d.[60]), (Conseil de l'Union européenne, 2022[61]).

4.4. Défis en matière d'évaluation et de résolution des préoccupations de justice environnementale

Cette section résume les conclusions concernant les obstacles à l'intégration de la justice environnementale dans l'élaboration des politiques environnementales dans les différents pays. Les propositions reposent sur les questions ci-après :

> *Quels sont les défis en termes de données ou de méthodologie auxquels les pays sont confrontés pour évaluer le risque ou l'exposition de différentes communautés ou groupes aux dangers environnementaux ;*
>
> *Quels sont les défis auxquels les pays sont confrontés pour aborder des problèmes tels que l'inégalité de l'exposition aux dangers environnementaux, l'inégalité du fardeau économique des politiques environnementales, ou les obstacles à la participation à la prise de décision environnementale.*

4.4.1. Données et méthodologies

L'évaluation des risques et de l'exposition de différents groupes aux dangers environnementaux peut présenter des défis considérables en termes de données et de méthodologies. L'enquête révèle que de nombreux pays (65 %) sont confrontés à ces défis. Le défi le plus commun que partagent les pays est la disponibilité limitée des données. Plusieurs pays (Allemagne, Chili, États-Unis, France, Mexique, Pérou) et la Commission européenne soulignent la nécessité de disposer d'indicateurs environnementaux, socio-économiques et démographiques précis et suffisamment détaillés pouvant être intégrés au même niveau de désagrégation. Bien que la disponibilité et la résolution des données environnementales aient été améliorées grâce à la technologie, notamment l'imagerie satellitaire,[16] les données démographiques tendent à être collectées à un niveau relativement agrégé (Weigand et al., 2019[62]). Même si certaines données supplémentaires peuvent être mises à disposition par des acteurs non étatiques, l'identification et l'exploitation de ces ressources peuvent constituer un défi (France).

Il peut également y avoir une absence totale de données sur des aspects spécifiques. À titre d'exemples, la Suède manque de données concernant les nouveaux risques que le changement climatique fait peser sur les activités dangereuses. La Corée du Sud constate l'absence d'informations détaillées sur les scénarios d'exposition et les facteurs d'exposition. Le Mexique ne possède pas de registre complet identifiant les communautés locales et autochtones. Le manque de données historiques pour mesurer les changements dans le temps (Mexique) et les mises à jour peu fréquentes des données standardisées (Costa Rica) constituent également un défi de taille. La Commission européenne souligne également les difficultés à évaluer l'impact que les politiques transnationales de l'UE peuvent avoir sur les communautés dans d'autres pays. L'Union européenne fait remarquer que le soutien qu'elle a accordé aux biocarburants a eu des répercussions sociales et environnementales négatives dans d'autres pays dans le cadre de la première Directive sur les énergies renouvelables. Par exemple, il reste difficile d'évaluer les incidences que pourrait avoir dans d'autres pays la politique actuelle de diversification des sources de minéraux bruts pour la double transition et d'importation d'hydrogène. Même lorsque les données sont disponibles, il existe des défis méthodologiques dans leur utilisation, en particulier pour identifier les liens de causalité et évaluer les impacts cumulatifs, comme l'ont souligné la Corée du Sud, le Canada et les États-Unis. Dans le même ordre d'idées, la République Slovaque a souligné les obstacles à l'analyse des données dans une optique intersectionnelle.

4.4.2. Capacités et ressources

Dans la plupart des pays, les contraintes en matière de capacités et de ressources concernent à la fois les données, les méthodologies et la mise en œuvre de l'action publique. Peut-être du fait d'un manque relatif d'outils dédiés permettant l'analyse intégrée des données environnementales, sociales et économiques (section 4.2.1), l'utilisation combinée des données est un défi d'importance, que complique davantage encore la nécessité d'améliorer la maîtrise de l'analyse économique pour étayer l'action publique (France). La mise en place d'un indice visant à évaluer les préoccupations en matière de justice environnementale, par exemple, nécessite des jugements portant sur des variables pertinentes et appropriées (Shrestha et al., 2016[63]). En outre, quelques pays (Costa Rica, Lituanie et Portugal) soulignent les préoccupations budgétaires dues, par exemple, au coût élevé de la réalisation d'études supplémentaires.

Ainsi que le soulignent l'Allemagne et la Lituanie, le manque de clarté conceptuelle de la justice environnementale et la complexité générale de la situation peuvent représenter des défis supplémentaires concernant l'utilisation efficace des ressources et des capacités. Par exemple, la Lituanie insiste sur le manque d'informations, d'orientations méthodologiques et de bonnes pratiques sur la manière dont l'évaluation peut être intégrée dans les procédures existantes. Dans le même ordre d'idées, la République Slovaque met en avant la nécessité d'établir un cadre pour l'inclusion et la prise en compte des groupes vulnérables dans les processus d'élaboration de l'action publique.

En outre, les capacités et les ressources jouent également un rôle essentiel dans le contexte du suivi et de la mise en œuvre pour garantir l'efficacité de la politique environnementale. L'exemple de l'Afrique du Sud illustre cette situation : la crise de l'approvisionnement en électricité entrave l'entretien et la réparation des dispositifs de surveillance de la pollution de l'air, empêchant ainsi la collecte des données nécessaires. Par voie de conséquence, lorsque la capacité de l'État à fournir de l'électricité diminue, comme en attestent les fréquentes coupures de courant, la qualité de l'air peut se dégrader en raison de l'augmentation de la dépendance à l'égard des générateurs diesel ou à essence, ainsi que de la combustion du charbon ou du bois (Langerman et al., 2023[64]).

4.4.3. Difficultés à atteindre les communautés touchées

Non seulement la mise en œuvre de programmes ciblés pour les communautés les plus touchées peut généralement s'avérer difficile (point souligné par la Croatie), mais la collecte de données et la mise en œuvre de politiques posent également des défis spécifiques au niveau local. Par exemple, la collecte d'informations environnementales présente le risque de s'exposer à la violence (point souligné par la Colombie). Le Canada et les États-Unis notent tous deux que les peuples autochtones et les tribus manquent souvent de ressources pour participer aux consultations. Aux États-Unis, ils sont également confrontés à la difficulté de mobiliser les ressources financières fédérales disponibles. Les barrières linguistiques peuvent également représenter d'importants défis. Comme l'a souligné le Pérou, il est essentiel de recourir à des prestations de traduction pour garantir un accès équitable à l'information et la participation des communautés autochtones. C'est particulièrement compliqué dans les pays à forte diversité linguistique, comme le Pérou, où 48 langues indigènes sont parlées dans tout le pays (Base de datos de Pueblos Indígenas u Originarios, Ministerio de Cultura, s.d.[65]). Si certaines sont relativement répandues, comme le quechua qui compte près de 4 millions de locuteurs, d'autres ne sont parlées que par quelques centaines de *personnes (ibid)*.

4.4.4. Coordination entre les différents niveaux d'administration

La nécessité d'assurer la coordination entre différents organes et départements ajoute encore à la complexité du défi. Il peut être difficile d'atteindre un consensus sur les questions environnementales qui impliquent nombre de parties prenantes (Corée du Sud). La nature multifacettes de la justice environnementale exige une vision et une stratégie unifiées pour coordonner les plans d'action dans tous les domaines. Cependant, les différentes responsabilités et priorités attribuées par les différents ministères et agences rendent la mise en œuvre difficile dans la pratique (Allemagne). De même, il est nécessaire de simplifier les cadres juridiques et institutionnels (Costa Rica). Une coordination inadéquate entre plusieurs départements peut également entraver l'intégration des données provenant de différents secteurs (Pérou) et celles collectées au niveau local (Nouvelle-Zélande).

Ces questions peuvent également se poser au niveau infranational. Par exemple, les municipalités canadiennes relèvent de la compétence des provinces et des territoires, ce qui limite les possibilités fédérales pour impliquer directement les communautés en matière de justice environnementale. La compréhension par les administrations nationales de la portée des actions entreprises par les gouvernements et départements infranationaux s'en trouve restreinte, en particulier lorsque les initiatives infranationales ne précisent pas explicitement que l'objectif serait de promouvoir la justice environnementale. De même, aux États-Unis, les responsabilités sont déléguées aux États, créant des défis pour la normalisation de la réglementation dans les processus de prise de décisions au niveau local et fédéral. Il en résulte également des difficultés dans le suivi des progrès d'ensemble visant à identifier les domaines nécessitant des actions supplémentaires.

4.5. Principaux constats

La plupart des pays mettent l'accent sur l'aspect procédural de la justice environnementale, ce qui peut refléter l'influence d'accords internationaux dans l'élaboration d'approches nationales visant à améliorer les possibilités de participation, ainsi que l'accès à l'information et à la justice. Toutefois, les approches déployées par les pays ne semblent pas spécifiquement axées sur l'élimination des obstacles auxquels se heurtent les communautés pour lesquelles une participation significative reste un défi. Certaines approches novatrices, notamment le recours à des médiateurs culturels pour impliquer plus efficacement les communautés indigènes, peuvent apporter des éléments de réflexion pour la conception et la mise en œuvre d'une plus grande participation. Des recherches supplémentaires sont nécessaires pour comprendre en quoi ces mesures réduisent effectivement les obstacles et améliorent par la suite les résultats environnementaux et sociaux pour les groupes les plus vulnérables.

Si les pays tiennent compte de l'impact disproportionné des politiques environnementales, ils ont tendance à le faire à un niveau relativement agrégé, par exemple en se concentrant sur les ménages à faible revenu ou sur l'impact sectoriel des politiques climatiques. Cela souligne l'importance d'analyser les impacts différenciés des politiques via le prisme de la justice environnementale orienté vers l'intérieur. En effet, une focalisation excessive sur les impacts facilement mesurables et quantifiables peut masquer les effets moins visibles. Malgré l'importance et le caractère souhaitable des politiques environnementales, l'absence de prise en compte de leur impact sur les communautés peut conduire à négliger des vulnérabilités distinctes.

Malgré la diversité des approches, l'une des conclusions notables de cette analyse est que les principaux défis à relever pour faire progresser la justice environnementale sont souvent communs à l'ensemble des pays. Dans de nombreux contextes, la disponibilité limitée des données et les difficultés à combiner différents types de données sont autant d'obstacles à l'élaboration de politiques visant à promouvoir la justice environnementale. Les contraintes en matière de capacités et de ressources constituent un autre obstacle important, aggravé par le manque de clarté conceptuelle de la justice environnementale et par les difficultés à faire en sorte que les efforts nationaux et infranationaux se complètent pour aboutir à une vision unifiée de la poursuite de la justice environnementale.

Dans ce contexte, les enseignements tirés de l'élaboration d'un ensemble d'outils, de méthodologies et d'approches des mesures émanant de différentes juridictions peuvent être transposés dans d'autres pays. Les exemples tels que l'élaboration d'outils de dépistage aux niveaux national et infranational, par exemple, peuvent atténuer les défis liés aux contraintes de capacité. En complément de ces outils qui facilitent les évaluations, il existe des approches dont l'objet est de réorienter les cadres et les lois existants afin de prendre en compte les vulnérabilités des communautés. Ces pratiques issues de différents pays laissent à penser qu'il existe de larges possibilités d'échange de connaissances aux fins de relever les défis communs liés à l'évolution de la justice environnementale. La valeur de l'apprentissage mutuel réside dans la diversité des approches des différents pays, pas dans leur limitation.

Références

Base de datos de Pueblos Indígenas u Originarios, Ministerio de Cultura (s.d.), *Lista de lenguas indígenas u originarias*, https://bdpi.cultura.gob.pe/lenguas (consulté le 23 April 2024). [65]

Butler, B., A. Gripper et N. Linos (2022), « Built and Social Environments, Environmental Justice, and Maternal Pregnancy Complications », *Current Obstetrics and Gynecology Reports*, vol. 11/3, https://doi.org/10.1007/s13669-022-00339-2. [6]

City of Westminster (2022), *Environmental Justice Measure*, https://www.westminster.gov.uk/about-council/data/environmental-justice-measure (consulté le 23 April 2024). [22]

Commission européenne (2022), *National Energy and Climate Action Plan of the Republic of Lithuania for 2021-2030*, https://energy.ec.europa.eu/system/files/2022-08/lt_final_necp_main_en.pdf. [73]

Commission européenne (2021), *COMMISSION STAFF WORKING DOCUMENT SWD(2021) 452 final*, https://www.google.com/url?sa=t&rct=j&q=&esrc=s&source=web&cd=&cad=rja&uact=8&ved=2ahUKEwjoqoiDzaqFAxWxUqQEHbKiCl4QFnoECBEQAQ&url=https%3A%2F%2Fec.europa.eu%2Fsocial%2FBlobServlet%3FdocId%3D25029%26langId%3Den&usg=AOvVaw0dzymExom7mKU6zM8bnTMU&opi=89978449. [57]

Commission européenne (s.d.), *About the Just Transition Platform*, https://ec.europa.eu/regional_policy/funding/just-transition-fund/just-transition-platform/about_en (consulté le 23 April 2024). [59]

Commission européenne (s.d.), *Just Transition Fund*, https://commission.europa.eu/funding-tenders/find-funding/eu-funding-programmes/just-transition-fund_en (consulté le 23 April 2024). [58]

Commission européenne (s.d.), *Knowledge Repository*, https://ec.europa.eu/regional_policy/funding/just-transition-fund/just-transition-platform/knowledge-repository_en (consulté le 23 April 2024). [60]

Commission européenne (s.d.), *Le mécanisme pour une transition juste : pour que personne ne soit laissé pour compte*, https://commission.europa.eu/strategy-and-policy/priorities-2019-2024/european-green-deal/finance-and-green-deal/just-transition-mechanism_fr (consulté le 23 April 2024). [56]

CONAGEBIO (s.d.), *Protección del conocimiento tradicional*, https://www.conagebio.go.cr/es/node/69 (consulté le 23 April 2024). [30]

Conseil de l'Union européenne (2022), *Recommandation du Conseil du 16 juin 2022 visant à assurer une transition équitable vers la neutralité climatique, 2022/C 243/04*, https://eur-lex.europa.eu/legal-content/FR/TXT/PDF/?uri=CELEX:32022H0627(04). [61]

Department for Environment, Food and Rural Affairs (2023), *Environment Improvement Plan*, https://assets.publishing.service.gov.uk/government/uploads/system/uploads/attachment_data/file/1168372/environmental-improvement-plan-2023.pdf. [54]

Department of Forestry, Fisheries and the Environment (s.d.), *Green Scorpions, Protecting South Africa's future*, https://www.dffe.gov.za/sites/default/files/docs/publications/greenscorpions_newspaperinsert.pdf. [43]

Department of Forestry, Fisheries and the Environment (s.d.), *National Web based Environmental Screening Tool*, https://screening.environment.gov.za/screeningtool/#/pages/welcome (consulté le 23 April 2024). [23]

Ebi, K. et K. Bowen (2023), *Green and blue spaces: crucial for healthy, sustainable urban futures*, https://doi.org/10.1016/S0140-6736(23)00096-X. [70]

Environmental Health Information System (s.d.), *National Environmental Health Survey*, https://www.ehtis.or.kr/cmn/sym/mnu/mpm/62002000/htmlMenuView.do (consulté le 23 April 2024). [25]

Environmental Health Intelligence New Zealand (s.d.), *Monitoring New Zealand's Environmental Health*, https://www.ehinz.ac.nz/ (consulté le 23 April 2024). [39]

Falanga, R. et al. (2021), « The participation of senior citizens in policy-making: Patterning initiatives in Europe. », *International Journal of Environmental Research and Public Health*, vol. 18/1, https://doi.org/10.3390/ijerph18. [69]

Federal Ministry for Environment, Nature Conservation and Nuclear Safety (2023), *Bundesregierung verabschiedet erstes bundesweites Klimaanpassungsgesetz*, https://www.bmuv.de/pressemitteilung/bundesregierung-verabschiedet-erstes-bundesweites-klimaanpassungsgesetz (consulté le 23 April 2024). [37]

Fowlie, M., E. Rubin et R. Walker (2019), « Bringing Satellite-Based Air Quality Estimates Down to Earth », *AEA Papers and Proceedings*, vol. 109, https://doi.org/10.1257/pandp.20191064. [68]

Giudice, L. et al. (2021), « Climate change, women's health, and the role of obstetricians and gynecologists in leadership », *International Journal of Gynecology and Obstetrics*, vol. 155/3, https://doi.org/10.1002/ijgo.13958. [5]

Gouvernement écossais (2015), *Flood Disadvantage - Scotland*, https://spatialdata.gov.scot/geonetwork/srv/api/records/a23cd103-7381-47e9-841d-083c9aef171d (consulté le 23 April 2024). [11]

Gouvernement écossais (2015), *Mapping Flood Disadvantage in Scotland 2015: Main Report*, https://www.gov.scot/binaries/content/documents/govscot/publications/research-and-analysis/2015/12/mapping-flood-disadvantage-scotland-2015-main-report/documents/00490788-pdf/00490788-pdf/govscot%3Adocument/00490788.pdf. [13]

Gouvernement écossais (s.d.), *Mapping Flood Disadvantage in Scotland 2015*, https://www.arcgis.com/home/webmap/viewer.html?webmap=2061e4a5ba134fe3ba3afb58de2c3079&extent=-3.4101,55.8703,-2.903,56.0293 (consulté le 23 April 2024). [14]

Groupe d'experts intergouvernemental sur l'évolution du climat (2023), « IPCC, 2022: Annex II: Glossary », dans *Climate Change 2022 – Impacts, Adaptation and Vulnerability. Contribution of Working Group II to the Sixth Assessment Report of the Intergovernmental Panel on Climate Change.* [26]

Harper, K., T. Steger et R. Filčák (2009), « Environmental justice and Roma communities in Central and Eastern Europe », *Environmental Policy and Governance*, vol. 19/4, https://doi.org/10.1002/eet.511. [67]

Haut-Commissariat des Nations Unies aux droits de l'homme (2023), *Statement at the conclusion of country visit to Chile*, https://www.ohchr.org/sites/default/files/documents/issues/environment/srenvironment/eom-statement-Chile-12-May-2023-EN.pdf. [53]

HCDH (2021), *USA: Environmental racism in "Cancer Alley" must end – experts*, https://www.ohchr.org/en/press-releases/2021/03/usa-environmental-racism-cancer-alley-must-end-experts?LangID=E&NewsID=26824 (consulté le 23 April 2024). [10]

Institut national de la statistique et des études économiques (2016), *Statistiques ethniques*, https://www.insee.fr/fr/information/2108548 (consulté le 23 April 2024). [71]

Instituto Nacional de Derechos Humanos (2011), *Informe Anual 2011, Situación de los Derechos Humanos en Chile*, https://www.indh.cl/wp-content/uploads/2011/12/27555-Informe-Anual-2011-BAJA1.pdf. [50]

Landrigan, P., V. Rauh et M. Galvez (2010), « Environmental justice and the health of children », *Mount Sinai Journal of Medicine*, vol. 77/2, https://doi.org/10.1002/msj.20173. [3]

Langerman, K. et al. (2023), *South Africa's electricity disaster is an air quality disaster, too*, https://doi.org/10.17159/caj/2023/33/1.15799. [64]

Massimo, F. et P. Mannucci (2018), « Mitigation of air pollution by greenness: A narrative review », *European Journal of Internal Medicine*, vol. 55, https://doi.org/10.1016/j.ejim.2018.06.021. [4]

Mathew, S. et al. (2023), « Environmental health injustice and culturally appropriate opportunities in remote Australia », *The Journal of Climate Change and Health*, vol. 14, https://doi.org/10.1016/j.joclim.2023.100281. [1]

McGregor, D., S. Whitaker et M. Sritharan (2020), *Indigenous environmental justice and sustainability*, https://doi.org/10.1016/j.cosust.2020.01.007. [66]

Ministère de l'Environnement (2024), *Environmental Legal Assistance Fund*, https://environment.govt.nz/what-you-can-do/funding/environmental-legal-assistance-fund/ (consulté le 23 April 2024). [42]

Ministère de l'Environnement (2023), *Informe proceso de participación temprana para la elaboración del plan de implementación participativa del Acuerdo de Escazú. Identificación y Análisis de Brechas y Propuestas de Medidas*, https://consultasciudadanas.mma.gob.cl/storage/records/mRUmlOP9CwB0dB2dUfxprco1gPBWWl3QDEYbmYSD.pdf. [32]

Ministère de l'Environnement (2023), *Ministerio del Medio Ambiente invita a realizar Cabildos Autoconvocados por Escazú*, https://mma.gob.cl/ministerio-del-medio-ambiente-invita-a-realizar-cabildos-autoconvocados-por-escazu/ (consulté le 23 April 2024). [33]

Ministère de l'Environnement (s.d.), *Diálogos participativos*, https://mma.gob.cl/dialogos-participativos/#agenda (consulté le 23 April 2024). [35]

Ministère de l'Environnement (s.d.), *Environmental Health Comprehensive Information System*, https://www.ehtis.or.kr/cmn/main/main.do (consulté le 23 April 2024). [40]

Ministère de l'Environnement (s.d.), *Escazú en Chile*, https://mma.gob.cl/escazu-en-chile/#pipe (consulté le 23 April 2024). [34]

Ministère de l'Environnement, Gouvernement du Chili (s.d.), *Programa para la Recuperación Ambiental y Social*, https://pras.mma.gob.cl/ (consulté le 23 April 2024). [51]

Ministère de l'Égalité raciale, Gouvernement du Brésil (2023), *Anielle Franco anuncia criação de Comitê de Monitoramento da Amazônia Negra e Enfrentamento ao Racismo Ambiental*, https://www.gov.br/igualdaderacial/pt-br/assuntos/copy2_of_noticias/anielle-franco-anuncia-criacao-de-comite-de-monitoramento-da-amazonia-negra-e-enfrentamento-ao-racismo-ambiental (consulté le 23 April 2024). [8]

Ministère des Communautés, du Gouvernement local et du Logement du Royaume-Uni (2022), *Levelling Up Parks Fund: Prospectus*, https://www.gov.uk/government/publications/levelling-up-parks-fund-prospectus/levelling-up-parks-fund-prospectus. [74]

Ministerio del Medio Ambiente (2024), *Plan Nacional de Implementación Participativa del Acuerdo de Escazú 2024-2030*, https://mma.gob.cl/wp-content/uploads/2024/04/Plan-Nacional-de-implementacion-participativa-del-Acuerdo-de-Escazu-Chile-2024-2030.pdf (consulté le 13 May 2024). [31]

Ministry of Justice and Peace (2018), *Poder Ejecutivo Decretos N° 40932 - MP - MJP*, https://www.conagebio.go.cr/sites/default/files/2021-10/Mecanismo-de-Consulta.pdf. [28]

Ministry of the Environment, Government of Japan (s.d.), *Japan Environment and Children's Study*, https://www.env.go.jp/chemi/ceh/en/about/outline.html (consulté le 23 April 2024). [24]

Nations Unies (2024), *Third meeting of the Conference of the Parties to the Escazú Agreement*, https://acuerdodeescazu.cepal.org/cop3/en/news/cop-3-escazu-agreement-reinforces-commitment-recognize-protect-and-promote-all-rights-human (consulté le 13 May 2024). [36]

Natural England (2021), *Green Infrastructure*, https://designatedsites.naturalengland.org.uk/GreenInfrastructure/Map.aspx (consulté le 23 April 2024). [12]

Naturally Birmingham (s.d.), *Measuring Environmental Justice in Birmingham*, https://naturallybirmingham.org/environmental-justice/ (consulté le 23 April 2024). [18]

OCDE (2024), *OECD Environmental Performance Reviews: Chile 2024*, Examens environnementaux de l'OCDE, Éditions OCDE, Paris, https://doi.org/10.1787/5bc65d36-en. [52]

OCDE (2023), *OECD Environmental Performance Reviews: United States 2023*, Examens environnementaux de l'OCDE, Éditions OCDE, Paris, https://doi.org/10.1787/47675117-en. [16]

OCDE (2023), *OECD Environmental Performance Reviews: Costa Rica 2023*, Examens environnementaux de l'OCDE, Éditions OCDE, Paris, https://doi.org/10.1787/ec94fd4e-en. [29]

OCDE et Open Society Foundations (2016), *Leveraging the SDGs for Inclusive Growth: Delivering Access to Justice for All*, https://www.oecd.org/gov/delivering-access-to-justice-for-all.pdf. [44]

Organisation internationale du Travail (1989), *C169 - Convention (n° 169) relative aux peuples indigènes et tribaux, 1989*, https://normlex.ilo.org/dyn/normlex/fr/f?p=NORMLEXPUB:55:0::NO::P55_TYPE,P55_LANG,P55_DOCUMENT,P55_NODE:REV,fr,C169,/Document (consulté le 23 April 2024). [27]

PNUE (2022), *Environmental Courts and Tribunals – 2021: A Guide for Policy Makers.*, https://wedocs.unep.org/20.500.11822/40309. [46]

PNUE (2019), *Environmental Rule of Law: First Global Report*, https://wedocs.unep.org/bitstream/handle/20.500.11822/27279/Environmental_rule_of_law.pdf?sequence=1&isAllowed=y. [47]

Public Health Scotland (2023), *Freedom of Information (FOI) and Environmental Information Regulation (EIR) requests*, https://publichealthscotland.scot/contact-us/freedom-of-information-foi-and-environmental-information-regulation-eir-requests/ (consulté le 23 April 2024). [38]

Robinson, N. (2012), « Ensuring Access to Justice Through Environmental Courts », *Pace Environmental Law Review*, vol. 29/2, https://doi.org/10.58948/0738-6206.1691. [45]

Secretaria de Comunicação Social, Governo do Brasil (2024), *O que é racismo ambiental e de que forma ele impacta populações mais vulneráveis*, https://www.gov.br/secom/pt-br/fatos/brasil-contra-fake/noticias/2023/3/o-que-e-racismo-ambiental-e-de-que-forma-impacta-populacoes-mais-vulneraveis (consulté le 23 April 2024). [7]

Senate Department for Urban Mobility, Transport, Climate Action and the Environment (s.d.), *Environmental Justice*, https://www.berlin.de/sen/uvk/en/environment/sustainability/environmental-justice/ (consulté le 23 April 2024). [20]

Shrestha, R. et al. (2016), « Environmental health related socio-spatial inequalities: Identifying "hotspots" of environmental burdens and social vulnerability », *International Journal of Environmental Research and Public Health*, vol. 13/7, https://doi.org/10.3390/ijerph13070691. [63]

Simoni, M. et al. (2015), « Adverse effects of outdoor pollution in the elderly. », *Journal of Thoracic Disease*, vol. 7/1, https://doi.org/10.3978/j.issn.2072-1439.2014.12.10. [2]

State of Berlin (s.d.), *Environmental Justice Berlin*, https://www.berlin.de/umweltatlas/en/human/environmental-justice/ (consulté le 23 April 2024). [19]

Statistics South Africa (2022), *General Household Survey, 2021*, https://www.statssa.gov.za/publications/P0318/P03182021.pdf. [75]

Statistics South Africa (2017), *Poverty Trends in South Africa, An examination of absolute poverty between 2006 and 2015*, https://www.statssa.gov.za/publications/Report-03-10-06/Report-03-10-062015.pdf. [72]

United States Environmental Protection Agency (s.d.), *EJScreen: Environmental Justice Screening and Mapping Tool*, https://www.epa.gov/ejscreen (consulté le 23 April 2024). [17]

United States Environmental Protection Agency (s.d.), *National Environmental Justice Community Engagement Calls*, https://www.epa.gov/environmentaljustice/national-environmental-justice-community-engagement-calls (consulté le 23 April 2024). [41]

United States Environmental Protection Agency (s.d.), *What is EJScreen?*, https://www.epa.gov/ejscreen/what-ejscreen (consulté le 23 April 2024). [15]

Vona, F. (2021), « Managing the distributional effects of environmental and climate policies: The narrow path for a triple dividend », *Documents de travail de l'OCDE sur l'environnement* 188. [55]

Walker, G. (2012), *Environmental Justice: Concepts, Evidence and Politics*, https://doi.org/10.4324/9780203610671. [9]

Weigand, M. et al. (2019), *Remote sensing in environmental justice research-a review*, https://doi.org/10.3390/ijgi8010020. [62]

Westminster City Council (2022), *Westminster's Environmental Justice Measure*, https://storymaps.arcgis.com/stories/3f7bf2a160e047748e2526b3f2536902 (consulté le 23 April 2024). [21]

White House (2021), *The Bipartisan Infrastructure Law Advances Environmental Justice*, https://www.whitehouse.gov/briefing-room/statements-releases/2021/11/16/the-bipartisan-infrastructure-law-advances-environmental-justice/ (consulté le 23 April 2024). [49]

White House (s.d.), *Justice40*, https://www.whitehouse.gov/environmentaljustice/justice40/ (consulté le 23 April 2024). [48]

Notes

[1] Leur vulnérabilité peut également être aggravée par leur manque relatif d'accès et d'influence sur les processus décisionnels. Par exemple, les enfants et les jeunes non encore en âge de voter ont moins de possibilités de participer à la prise de décision, tandis que les personnes âgées souffrant de problèmes de santé peuvent avoir des difficultés à exercer pleinement leurs droits (Falanga et al., 2021[69]).

[2] En outre, dans certains pays, il est interdit aux autorités de collecter certains types de données, par exemple sur l'origine raciale et ethnique en France (Institut national de la statistique et des études économiques, 2016[71]).

[3] Bien que les Africains noirs représentent plus de 80 % de la population du pays, en 2015, 64 % d'entre eux vivaient dans la pauvreté, c'est-à-dire qu'ils vivaient en dessous du seuil de pauvreté supérieur. À titre de comparaison, seul 1 % de la population blanche vivait sous le seuil de pauvreté en 2015, ce qui reflète peut-être l'héritage historique de l'apartheid (Statistics South Africa, 2017[72]).

[4] Les choix de résidence et la mobilité des communautés roms peuvent être fortement limités dans la pratique. Par exemple, de nombreux campements de communautés roms sont implantés sur des sites post-industriels contaminés en Europe centrale et orientale (Harper, Steger et Filčák, 2009[67]).

[5] Ces pays sont l'Afrique du Sud, l'Angleterre (Royaume-Uni), le Canada, la Colombie, la Corée du Sud, la Croatie, l'Écosse (Royaume-Uni), l'Espagne, les États-Unis, la France, la Lituanie et le Mexique.

[6] Ces pays sont l'Allemagne, le Costa Rica, l'Estonie et le Pérou.

[7] Tous les répondants du groupe « juridique » ont déclaré disposer de tels outils ou en développer, suivis de 80 % dans le groupe « initiatives ou politiques », de 67 % dans le groupe « ajout de protections et de garanties » et, enfin, de seulement 50 % dans le groupe « garantie des droits ».

[8] Natural England est un organisme public exécutif non ministériel, financé par le ministère de l'Environnement, de l'Alimentation et des Affaires rurales du Royaume-Uni.

[9] Les espaces verts et bleus désignent un ensemble d'infrastructures et d'aménagements tels que les parcs et les forêts (verts) ainsi que les rivières et les lacs (bleus) qui ont un impact sur la santé et le bien-être des communautés (Ebi et Bowen, 2023[70]).

[10] Ces outils sont identifiés dans des travaux de recherche documentaire complémentaires et ne faisaient pas partie de la réponse de l'Allemagne et de l'Angleterre.

[11] Un cadre distinct de justice environnementale autochtone souligne la nécessité d'inclure les perspectives autochtones, car elles apportent une vision unique de la justice, fondée sur leurs expériences, leurs systèmes de connaissances et leurs structures de gouvernance. Cf. (McGregor, Whitaker et Sritharan, 2020[66]) pour une vue d'ensemble.

[12] Voir (Commission européenne, 2022[73]) pour une analyse détaillée des processus de consultation publique et des résultats qui en ont découlé, notamment une série de propositions intégrées dans les mesures d'action alternatives.

[13] En 2021, seuls 27.3 % des ménages sud-africains possédaient un ou plusieurs ordinateurs, contre 87.7 % pour ce qui est des téléviseurs. De plus, le rôle des appareils mobiles est essentiel en cela qu'ils constituent la principale source d'accès à Internet. Cependant, l'accès à ces ressources varie considérablement d'une zone métropolitaine, urbaine ou rurale à l'autre (Statistics South Africa, 2022[75]).

[14] Calculs des auteurs basés sur (PNUE, 2022[46]). En 2021, les pays suivants disposaient de CTE opérationnels : Afrique du Sud, Allemagne, Australie, Canada, Chili, Espagne, États-Unis, France, Japon, Nouvelle-Zélande, Pérou, République de Corée, Royaume-Uni, Suède *(ibid)*.

[15] Le fonds « Levelling Up Parks Fund » utilise l'indice de privation multiple pour identifier les quartiers qui ont le plus besoin d'espaces verts de meilleure qualité et allouer des financements aux autorités locales (Ministère des Communautés, du Gouvernement local et du Logement du Royaume-Uni, 2022[74]).

[16] Si les données de télédétection issues de l'imagerie satellitaire peuvent faciliter l'analyse, il reste des défis à relever, notamment les erreurs de prédiction (Fowlie, Rubin et Walker, 2019[68]). En outre, seuls les dommages et les avantages environnementaux susceptibles de réagir aux rayonnements électromagnétiques sont détectés (Weigand et al., 2019[62]).

Annexe A. Enquête de l'OCDE sur la justice environnementale

Cette annexe contient l'enquête distribué aux pays membres et partenaires de l'OCDE, la Commission Européenne ainsi que plusieurs pays non-membres de l'OCDE[1] entre septembre 2023 et février 2024, dans le but d'analyser les approches nationales pour identifier, analyser et traiter les enjeux de la justice environnementale. Pour faciliter la réponse, le questionnaire a également été mis à disposition en anglais, en français et en espagnol.

[1] L'enquête a été envoyée aux pays suivants (les pays ayant répondu sont marqués par un *): Afrique du Sud*, Allemagne*, Argentine, Australie, Autriche, Belgique, Brésil, Canada*, Chili*, Colombie*, Corée du Sud*, Costa Rica*, Croatie*, Danemark, Espagne*, Estonie*, États-Unis*, Finlande, France*, Grèce, Hongrie, Islande, Indonésie, Irlande, Israël, Italie, Japon*, Lettonie, Lituanie*, Luxembourg, Mexique*, Nouvelle-Zélande*, Norvège, les Pays-Bas, Pérou*, Pologne*, Portugal*, République Slovaque*, République Tchèque, Royaume-Uni* (des réponses distinctes ont été reçues pour l'Angleterre et l'Ecosse), Slovénie, Suède*, Suisse* et Türkiye*.

SECTION 1 : Approches à la justice environnementale Cette section vise à comprendre comment les gouvernements abordent la justice environnementale et comment ces enjeux se reflètent dans les stratégies, les politiques, les plans ou les lois correspondants. Elle cherche également à explorer la manière dont les gouvernements identifient les communautés ou les groupes qui sont généralement les plus exposés aux enjeux de justice environnementale.	
1. Si le concept de justice environnementale est utilisé par votre administration (gouvernement, ministère, agence), comment est-il défini ? Si ce concept n'est pas utilisé, veuillez décrire la terminologie utilisée pour faire référence à des questions telles que : • la vulnérabilité distincte d'un groupe ou d'une communauté aux impacts environnementaux (par exemple, en raison de leur niveau de revenu, de leur origine ethnique, de leur âge, de leur état de santé) ; • l'exposition inéquitable aux risques environnementaux (par exemple, en raison de la concentration de certaines communautés dans certaines zones géographiques ou certains secteurs d'emploi) ; • la charge économique inéquitable des politiques environnementales sur les communautés à risque ; • les obstacles à la participation au processus décisionnel en matière d'environnement, en particulier pour les personnes issues de communautés ou de groupes vulnérables à risque.	Veuillez préciser :
2. Votre administration a-t-elle établi des objectifs qui entrent dans le cadre de la justice environnementale telle qu'elle est définie dans la question 1 ? Il peut s'agir, par exemple, de : • l'identification, l'analyse ou le traitement des inégalités existantes dans l'exposition des différentes communautés ou des différents groupes aux risques environnementaux ; • l'identification, l'analyse ou le traitement des impacts inéquitables potentiels des programmes, politiques et réglementations environnementaux proposés ou existants sur les communautés ou groupes à risque (par exemple, les mesures visant à compenser les coûts économiques des politiques environnementales) ; • faciliter la participation du public aux processus de politique environnementale, en particulier pour les personnes issues de communautés ou de groupes à risque.	☐ Oui (veuillez indiquer les sources pertinentes) : ___ ☐ Non
3. Si vous avez de tels objectifs, avez-vous des stratégies, des politiques, des plans ou des lois spécifiques pour les mettre en œuvre ?	☐ Oui (veuillez indiquer les sources pertinentes) : ___ ☐ Non
4. Dans votre administration, identifiez-vous des communautés ou des groupes à risque ? Ces communautés ou groupes peuvent, en raison de leur situation sociale ou économique, être confrontés à : • une exposition inéquitable aux risques environnementaux et aux coûts des politiques environnementales ; • un accès inégal aux aménagements environnementaux et aux avantages des politiques environnementales ; • un accès limité à l'information environnementale et à la participation aux processus politiques associés.	☐ Oui, nous identifions les communautés ou les groupes qui pourraient être particulièrement vulnérables dans l'analyse des politiques ou la prise de décision : a) ☐ Oui, mais dans un contexte général b) ☐ Oui, dans le cadre de l'analyse de la politique environnementale ou de la prise de décision en matière d'environnement ☐ Oui, mais seulement de manière informelle à un niveau opérationnel ☐ Aucune communauté ou groupe de ce type ne sont identifiés ☐ Autre Si disponible, veuillez indiquer les références des documents correspondants.
5. Si la réponse à la question précédente est « oui », quelles sont, parmi les caractéristiques suivantes, celles que vous considérez comme pertinentes pour identifier les communautés ou les groupes qui peuvent être particulièrement à risque dans le contexte de votre juridiction ?	

Si possible, veuillez préciser les types de données et les sources utilisées pour éclairer cette analyse. Veuillez sélectionner toutes les réponses qui s'appliquent.

Indicateur	Exemples de données et de sources (veuillez préciser)
☐ Manque d'accès aux services publics clés (par exemple, les soins de santé, l'éducation, l'eau potable, les transports publics, la sécurité publique)	
☐ Manque d'accès aux aménagements environnementales (par exemple, les parcs)	
☐ Santé et handicap	
☐ Populations indigènes	
☐ Immigration/statut de migrant	
☐ Ethnicité ou race	
☐ Secteur professionnel	
☐ Niveau de revenu	
☐ Composition du ménage (par exemple monoparental, multigénérationnel)	
☐ Statut de la propriété résidentielle (par exemple, propriétaire, locataire, résident d'un logement social)	
☐ Sexe	
☐ Niveau d'éducation	
☐ Âge	
☐ Langue minoritaire	
☐ Origine nationale	
☐ Autre (veuillez préciser) : ___	

6. Existe-t-il des régions où certaines communautés ou certains groupes peuvent être particulièrement exposés à des enjeux de justice environnementale tels que définis par votre administration dans la question 1 ?	☐ Oui. Veuillez préciser : ____ ☐ Non, nous ne ciblons pas de régions spécifiques

SECTION 2 : Évaluation et données

Cette section porte sur l'évaluation des dangers et des risques environnementaux et de l'exposition à ceux-ci. Elle examine les données, les outils et les méthodes dont disposent les gouvernements pour déterminer la nature et la répartition des dangers et des risques au sein de la population dans leurs juridictions respectives.

7. À quelles étapes du processus d'élaboration de la politique environnementale procédez-vous à l'évaluation des dangers et des risques pour l'environnement ?	☐ Législation / élaboration de règles ☐ Octroi de permis ☐ Supervision ☐ Application de la loi ☐ Évaluation ☐ Autre. Veuillez préciser : ___
8. Lors de l'évaluation des risques ou d'autres types d'analyse des dangers environnementaux (par exemple, déchets dangereux, pollution de l'air et de l'eau), l'accent est-il mis sur la question de savoir si les communautés ou les groupes à risque sont exposés ou susceptibles d'être exposés ou touchés de manière disproportionnée ?	☐ Oui, nous évaluons toujours si certaines communautés ou certains groupes sont exposés ou risquent d'être exposés de manière disproportionnée ☐ Parfois, mais pas systématiquement Si tel est le cas, quels sont les critères pour qu'une telle évaluation soit effectuée ? Veuillez préciser : ___ ☐ Non, nous n'évaluons jamais l'exposition d'une communauté particulière, mais seulement celle de la population en général
9. Quelles sont les défis en matière de données ou de méthodologie auxquels vous êtes confronté pour évaluer le risque ou l'exposition de différentes communautés ou de différents groupes aux dangers environnementaux ?	Veuillez préciser : ___
10. Les données et méthodes qualitatives sont-elles prises en compte dans vos évaluations des risques ou de l'exposition aux dangers environnementaux ?	☐ Oui. Veuillez préciser quelles données et méthodes sont utilisées et comment : ___ ☐ Non, nous ne tenons pas compte des données et méthodes qualitatives

11.	Disposez-vous d'outils spécifiques (par exemple des cartes interactives) permettant aux décideurs de combiner des données et des informations sur des variables environnementales, sociales et économiques ?	☐ Oui. Veuillez préciser et partager les liens pertinents : ___ ☐ Non, mais nous sommes en train de développer de tels outils : ___ ☐ Non, nous ne disposons pas de tels outils
12.	Comment les évaluations des risques et autres types d'analyses quantitatives, ainsi que les résultats de ces analyses, sont-ils utilisés pour éclairer les politiques, les réglementations, la législation ou la sensibilisation du public afin de répondre aux enjeux de la justice environnementale tels que définis par votre administration dans la question 1 ?	Veuillez préciser : ___
SECTION 3 : Implications des mesures politiques en matière de justice environnementale Cette section se concentre sur les mesures qui peuvent répondre aux enjeux de la justice environnementale. Il s'agit par exemple de mesures visant à remédier à l'exposition inéquitable des communautés ou des groupes à risque aux dangers environnementaux, à améliorer leur accès aux aménagements environnementaux, à atténuer les coûts disproportionnés associés aux politiques environnementales et à faciliter leur engagement public et leur participation aux processus d'élaboration des politiques.		
13.	Lors de l'élaboration ou de la mise en œuvre de nouvelles lois, réglementations, politiques, plans ou programmes en matière d'environnement, identifiez-vous ou examinez-vous explicitement l'impact potentiel de ces politiques sur les communautés ou les groupes à risque ?	☐ Oui, toujours. Veuillez préciser : ___ ☐ Parfois. Veuillez préciser : ___ ☐ Non, jamais
14.	Si la réponse à la question précédente est « oui », certaines communautés ou certains groupes font-ils l'objet d'une attention particulière ?	☐ Oui. Veuillez préciser les caractéristiques de ces communautés ou groupes : ____ ☐ Parfois. Veuillez préciser : ___ ☐ Non, jamais
15.	Quelles lois, réglementations, politiques, plans ou programmes ont été mis en place spécifiquement pour répondre aux enjeux en matière de justice environnementale ? Quelques exemples de ces mesures sont fournis, mais d'autres peuvent être ajoutés. Veuillez sélectionner toutes les mesures qui s'appliquent et, si possible, compléter par des informations supplémentaires et des documents pertinents.	<u>Mesures visant à réduire, éviter ou compenser :</u> ☐ L'exposition inéquitable aux risques environnementaux (par exemple, les dispositions et les critères des lois sur le zonage, l'autorisation des déchets dangereux et des sites de décharge, les régulations en matière d'aménagement du territoire) : ___ ☐ La charge inéquitable des coûts économiques des politiques environnementales (par exemple, augmentation des frais de transport domicile-travail en raison des taxes sur les carburants, augmentation des prix du logement à la suite d'un nettoyage des activités polluantes) : ___ ☐ Les obstacles à la participation aux processus décisionnels en matière d'environnement (par exemple, consultations publiques, panels de citoyens), en particulier ceux auxquels sont confrontées les personnes issues de communautés ou de groupes à risque : ___ <u>Mesures visant à améliorer l'accès équitable à :</u> ☐ Les aménagements environnementaux des politiques environnementales (par exemple, les espaces verts) : ___ ☐ Les avantages économiques des politiques environnementales (par exemple, les subventions aux logements résistants au climat) : ___ ☐ Autres. Veuillez préciser : ___
16.	Si vous avez mis en place des mesures visant à améliorer l'engagement et la participation du public, en particulier des personnes issues de communautés ou de groupes à risque, pouvez-vous donner des exemples de la manière dont cet engagement a influencé les règlements, les politiques, les plans ou les programmes mis en place ?	Exemples d'impact des mesures visant à : ☐ Améliorer l'accès à l'information environnementale (y compris l'information relative à la santé humaine) : ___ ☐ Faciliter la participation du public aux processus d'élaboration de la politique environnementale : ___ ☐ Faciliter l'accès des personnes potentiellement intéressées aux procédures administratives et judiciaires concernant les violations présumées des lois et règlements en matière d'environnement : ___ ☐ Autres. Veuillez préciser : ___

17.	Attribuez-vous une part des recettes des taxes, impôts, redevances et frais environnementaux afin d'atténuer les charges économiques pesant sur les communautés ou groupes à risque ?	☐ Oui, un système de recyclage des recettes est en place. Veuillez le décrire : ____ ☐ Oui, la compensation se fait par le budget général ☐ Non, il n'existe pas de système de ce type
18.	Quels sont les défis auxquels vous êtes confrontés pour traiter des questions telles que l'exposition inéquitable aux risques environnementaux, la charge économique inéquitable des politiques environnementales ou les obstacles à la participation à la prise de décision en matière d'environnement ?	Veuillez les décrire : ____
Informations complémentaires		
19.	Nous recueillons des études de cas sur des mesures qui ont permis d'identifier, d'analyser ou de traiter avec succès les enjeux liés à la justice environnementale. Pouvez-vous nous faire part d'un exemple provenant de votre juridiction ?	
20.	Avez-vous d'autres commentaires à formuler ?	
	MERCI	

www.ingramcontent.com/pod-product-compliance
Lightning Source LLC
LaVergne TN
LVHW082043051026
849532LV00011B/3462